U0002737

Idea man

Idea man

Idea man

Ideaman

【暢銷經典版】

考具

有效掌握企劃、發想的21個思考工具

日本廣告界龍頭「博報堂」創意高手
加藤昌治——著
王瑤芬——譯

推薦一

有效的創意在收、放之間

痞客邦CEO 曾孟卓Gordon

我的一位好朋友是位作家，但年近四十，從未談戀愛。他應該是個完美主義者。於是我常調侃他：談戀愛跟創作一樣，都是需要不斷練習的，第一次就完美的機會接近零。

加藤昌治（Kato Masaharu）是日本廣告界的創意高手，任職全日本三大廣告龍頭公司博報堂二十多年，身經百戰。這本《考具》提供了二十一個思考工具，這些工具的作用主要是用來協助創作。

這本書自二〇〇三年出版後深獲業界好評，一版再版，至今第二十年，已經成為從事創作或企劃工作者的必讀參考書之一了！

如何不斷產生有效的創意？加藤的心得都在收、放之間。

首先是以不同的方式收集資訊、刺激思維：包括收集顏色（色彩浴）、傾聽街頭（隔牆有耳）、全面收錄（小小備忘錄）、轉換角色觀點（七色鸚鵡）、讀取圖像（影像閱讀法）、現場考察（臨時記者）等。（考具一至六）

所有的收集都是為了刺激思維，然後讓點子源源不絕地釋放。點子的品質是不用挑選的，盡情傾吐，今天的點子今天無用，可能三年後有用，或結合十七個月後的另一個點子變成有用。

加藤稱這是一個創意馬拉松的長跑遊戲，他曾經從一九九五年八月一日，到二〇〇三年二月十五日，約七年半的時間，創作了四千零四個點子，還有很多點子不小心漏記了。

延伸創意是一個但求展開，可以不擇手段，也可以容忍亂七八糟的過程。（這點太對我的胃口了！）

從有規則的九宮格、檢驗法則、聯想遊戲，到毫無紀律的點子素描、心智圖、便利貼，都有機會讓點子像魔鬼八爪魚一樣無限延伸。甚至不要拘泥於原創，隨時搭別人想法的便車，接受自己從未想到的觀點。（考具七至十四）

創作是包含了創意和執行。

所謂執行首說要把點子化為可以落實執行的企劃，收攏聚焦，詳細計劃後，再放手開幹。

這是另一個收、放的過程。

我發現加藤十分喜愛使用九宮格，最少有四個考具以九宮格方式呈現，確保在不同階段所兼顧的思維，不能太多，也不會太少。

如果說閱讀一本書最重要的是偷取作者思維的方式，我們透過《考具》這本書，偷取到加藤最擅長的九宮格思考法，如他所說，思考較全面，而且重點都放在同一張紙上。這應是閱讀這本書可以獲得最大的價值了。

畢竟是沙場老將，在廣告行業翻滾多年，加藤一直強調找點子時可以狂放不拘，到執行企劃時卻要嚴謹鎖定範圍。

例如嚴格奉行 5W1H 的規劃，並使用九宮格的檢視。必須完成完整的企劃再執行。另，作為廣告創作最重視的：標題和視覺畫面的部署。

一言以蔽之，企劃一定要有標題，企劃也一定要能形成畫面，而不只是空泛的策略理論。（考具十五至十九）

而創作總是會遇到低潮的，狀態好的時候一個點子會引動二、三十個點子源源不絕，不好的時候搜索枯腸，空無一物。

把自己養成創意馬拉松和多維度的發問高手，長期培育良好的創作習慣，才是硬道理。低潮之時，打開庫存，還是琳琅滿目，足夠你隨機應變。（考具二十至二十一）

從事創作的人，讀這本書，會得到非常實在的啟發。

祝大家在創作旅途上，也能如加藤一樣，收放自如，源源不絕。

推薦二

經得起時代淬煉的好書

《內容感動行銷》、《慢讀秒懂》作者．「Vista寫作陪伴計畫」主理人 鄭緯筌

如果您是一位廣告行銷人，或者工作和行銷、企劃相關的話，平常不但要追逐最新的科技趨勢與消費動態，往往也需要閱讀大量的經典和參考書。話說回來，也因為時代的脈動實在太快了，廣告行銷的技術與心法也需要與時俱進。所以，有很多書刊的出版速度根本來不及跟上時代的腳步，即便順利付梓出版，也可能過一、兩年就跟社會脫節，甚至落伍了！

如果我跟您說，有這麼一本書被許多廣告行銷人奉為經典，甚至放在案頭上。不但歷久不衰，許多人還念念不忘，即便這本書已經絕版很久了，卻還有很多人在二手書店苦苦尋覓它的蹤影……。

嗯，您願意相信嗎？我想，聰明的您應該已經猜到了！是的，我說的就是這本《考具》。

老實說，我不知道您為何會從書店的眾多書籍裡挑中這本書？是因為書名很奇怪嗎？還是聽了別人的推薦？無論如何，我都得說您的確慧眼獨具，幸運地選到了一本經得起時代淬煉的好書。

回想起十幾年前我第一次在書店看到這本書的時候，便對書名留下了深刻的印象。當時我還默默揣想，是不是出版社把「考據」誤植成「考具」了？後來才知道，原來作者匠心獨具，「考具」的意思其實是幫助思考的道具。

作者在書中提到，創意人並非與生俱來，現在開始學動腦並不遲！我也相當認同這個觀點，就好像在我的寫作課上，也常有學員問我要如何蒐集靈感和激發創意？我想，您可以參考本書作者所提供的二十一項考具，像是書上提到的備忘錄、便利貼、九宮格以及心智圖，不但是我時常用來激發創意的方法，我也相當喜歡運用這些工具來管理工作以及記錄人生的軌跡。

談到九宮格，讓我不禁想起美國職棒大聯盟「雙刀流」大谷翔平選手的故事。大谷翔平在二〇二一年球季以四十六轟、九勝的成績，一舉奪下美聯最有價值球員獎、主席歷史成就獎和銀棒獎等多項殊榮。

很多人以為大谷翔平天賦異稟，其實他的成功其來有自：早在十六歲剛讀高一的時候，他就懂得運用「曼陀羅思考法」（Mandal Art）所繪製的九宮格表來規劃未來的目標。顯見他不但頭腦資質好、身材條件棒，心思更是細膩；更重要的是，他有超乎一般運動員的嚴謹紀律，直到進入職棒後，居然每個月的開銷只花不到一萬日圓，可見大谷翔平是一位律己甚嚴的傑出運動員。

最後，我再跟您分享幾個蒐集靈感的方法：

一、觀摩其他廠商的標語或宣傳文案：參考、學習別人的做法，永遠是一個不錯的方法，當然不是直接抄襲，而是透過借鑑的方式來發想和創新。

二、多逛逛便利商店、大賣場：我的用意不是鼓勵大家多消費，而是因為這些場域的更迭速度很快，如果仔細觀察，可以看到很多有趣的新事物。好比：店內是否張貼了什麼新標語？結帳櫃檯上放了哪些促銷商品？甚至是店員的話術等等。

三、善用「如何」、「現在」等關鍵字：暢銷書《先問，為什麼？》（*Start with Why*）的作者賽門．西奈克告訴我們，想知道怎麼抓住消費者，可以利用「操作」與「感召」的方式來驅動他們。所以，建議您有空就多善用這些具有時效性、渲染力的關鍵字來發想吧！

四、涉獵電視與報章雜誌：雖說現在看電視的人相較以前減少許多，大家也都習慣在網路上攝取資訊，但電視、報紙和雜誌仍然是重要的媒介，也有很多網路上未必會刊載的資訊，值得我們關注。至於電影，不只是平價的娛樂，也是流行資訊的觀測站。沒事多看電影，對激發靈感也有幫助！

五、找其他夥伴腦力激盪：有時我們自己絞盡腦汁也想不出什麼好點子，這時不妨可以找同事、朋友一起討論。正所謂「三個臭皮匠，勝過一個諸葛亮」，透過群體的力量集思廣益，也是不錯也有效的辦法哦！

六、休息一下：如果真的無法構思出具體方案，也不必太過勉強，不如就先休息、放空一下吧！

簡單來說，蒐集靈感的流程不妨從觀察生活周遭的事物開始做起：只要保持盈滿的好奇心，捕捉對於這個世界的各種反應，最後別忘了思考和行動，當然還有……別忘了把《考具》帶回家！

推薦三

實實在在，增進功力的思考祕笈

前「東方線上」消費研究總監 邱高生

「考具」是一個全新創造的名詞，讓人看了不禁想要探究這是怎樣的新東西或是新觀念；光看「考具」二字，第一眼就引起很多的聯想，如果你是習慣文字思考的人，一定會感到相當具有挑逗性，「考具」激發了很多「想」的心思。

「考具」是種運用在考試作答的工具？還是老師出題考學生的工具？或者可能是「考據」寫錯的？還是「烤具」才對？反正「考具」指的是一種工具，但不一定要完全和「考」或「烤」有關的工具？如果是「冰考具」或是「熱考具」又如何？在「考具」前加個「考」字就變成「考考具」，在後面加個「通」字又是一翻新風貌，「考具通」又會是什麼？也可以變成「考具書」、「考具筆」、「考具光」、「考具人」、「考具天堂」、「考具槍」、「大考具」等，拿一張紙照這樣寫下去，大概可寫出滿滿的一片文字，功力強一點的人可以寫上兩張以上。

「具考」，你會這樣顛倒看「考具」？乍看很突兀，不知所云，不過仔細看一看，「具考」還是會讓人感到興奮，這是一個全新的名詞，以後可能有一家咖啡店就叫「具考」，或者某個品牌就叫做「具考」，就好比有廣告公司稱為「就是」、「知道」一樣，夠有創意的吧！像前面所聯想到的「考考具」也是很有意思的一個詞，寫了好幾張紙的聯想，絕對會讓自己的創意玩到最高點，自然就會出現創新的創意，不消強求。很多新的創意就是這樣的組合，讓思考碰撞無限地延伸而生，自然會有流暢的思考快感；就像脫韁野馬，任其野性隨意奔馳，完全不要妨礙牠，馬的奔馳才能完全發揮。創意就是要放得開，不要有任何限制，不要怕被自己恥笑或為他人所不恥，只要敢去聯想，創意就會如泉湧，滾滾不絕噴出。

思考的刀，就是這樣，越磨越利，一定要天天磨，不要怕磨；一天不磨，刀鋒就會像〇．三公分那麼寬，三天不磨大約會有〇．五公分，如果經年不用，保證一定生鏽，然後就是報廢。這樣的磨練思考刀法，是筆者以前在廣告公司工作，為了寫廣告企劃案，面對一大堆挑戰時，運用聯想法所創造出的一種自我訓練方法之一，自稱「練刀法」。

今日有此機緣為我的舊同事、老朋友王瑤芬翻譯的這本《考具》寫序，心情非常雀躍狂喜，讓自己又回想起當年自我訓練的一些思考方法。

這本《考具》應是作者加藤昌治自己的武功修煉祕笈，看到作者提出二十一種「考具」，相當完整，也讓人感覺到他的苦口婆心，毫不吝嗇地要將其修煉成道的方法傳授給讀者。筆者拜讀後亦感到欣慰，當年自創的十一種方法中，除了「練刀法」外，其中自創的「揣摩法」與書中「考具四．七色鸚哥」幾乎一樣，讓自己扮演各種角色，就像演戲一樣，入戲很重要。其他九種就不在此贅言，若未來有機會也許可以和讀者見面。

作者將「考具」定義為「幫助思考的道具」，也就是訓練思考的工具，初期的訓練需要這些道具的協助，等到練成之後就可揮灑自如。筆者和作者都有同樣的經驗，光說不練一點效果也沒有，一定要真的採取行動去做才會有成果。所以，作者也勉勵讀者立下行動目標，運用這二十一種「考具」，訓練自己成為「○○的動腦專家」。本書譯文流暢，大概努力看半天就可以從第一個字看到最後一個字，但本書並不是傳遞偉大觀念的書，而是一本實在、有助增進思考功力的祕笈，如果沒有實際執行，縱使看完很多次也沒有用，一定要練功才會有功力。

創意就像吸毒一樣，很容易上癮，創意也是一種原慾的宣洩。玩創意是一件很快樂的事，到處都是新鮮有趣的發現。但是當創意山窮水盡時，也是最不快樂的事，是一種殘忍的煎熬，人間煉獄。

創意人的心情，經常就是這樣徘徊在天堂與地獄之間，不斷地追求創新的快感，而唯有掌握自己的考具，才能永保點子源源不絕，樂在工作。

推薦四

真的，別再被人罵「豬腦袋」了！

「就是這樣」有限公司總經理　黃文博

父母罵子女或夫妻吵架時，所言不乏惡毒刻薄之語，其中最傷人的說法是：「你豬腦袋啊！不會用腦筋想嗎？」通常被話罵到的人，其實並不是智商有問題，而是太懶——懶得思考、懶得設法、懶得研究。遇事但憑生活經驗累積的直覺反應，凡是超過經驗範圍的狀況便無從對應而束手無措。

像我家後面巷口有一攤老字號的麵店，味美價廉，生意頗佳。但客人往往要等上二十分鐘才吃得到熱騰騰的麵，因為那攤車只有兩個爐嘴，各負責一口湯鍋，老闆為了怕鍋中麵條糾纏在一起，影響他對口味的堅持，所以一次最多只丟三團麵條入鍋，兩鍋充其量六團麵條，當客人滿座又遇外帶客群之時，老闆那兩口鍋煮了麵就不能下水餃，下了水餃又無法燙青菜，弄得手忙腳亂、大汗淋漓。

奇怪，別家麵攤都會在湯鍋上罩上一片有五個孔的不鏽鋼蓋，配合深約十五公分的細孔不鏽鋼漏杓，使一口鍋可以同時處理五項煮食，就算麵、餃、丸、菜同鍋滾煮，也不會混煮。這麼方便的設計，他不會不知道吧！事實上，他不但知道，而且還有一套拒用的大道理！他堅信，如果把麵塞進那根十公分寬、十五公分長的漏杓下鍋煮，麵體難在湯中充分伸展翻滾，韌度會大幅降低，口感必受影響！

基本上，我衷心佩服他的職業堅持。只是我到現在仍吃不出在大鍋中盡情游泳的麵條與在小杓中泡煮的麵條有何差別？它們嚼起來真的都很像麵條，我想應該是行為慣性已經徹底控制他的思考，才讓他寧可替現在的習慣找盡藉口，也不肯大膽做出改變。

何獨麵店老闆如此！幾乎所有年過四十的人都像他一般頑固，君不見孔夫子早說過：「四十而不惑。」什麼意思？意思就是，年過四十歲的人，對自己所做、所想沒有任何疑惑，別人也別想用不一樣的想法來迷惑他。行為慣性足以確保一個人在生活中不犯錯，降低下決策的風險，可以活得非常安全。年紀越大，累積的慣性越多，也越依賴慣性過日子，思考的機會自然變少，整個人的態度就變得保守又消極，性格呆滯而無趣。當然，這種人被罵「豬腦袋」的機會必定暴增。

為什麼世界上發明家少、創意家少、有趣的人也少？因為絕大多數人容易被行為慣性征服，甚至連已被征服這件事都渾然不覺，廣告人也不例外！號稱永遠像活火山般處在爆發狀態的廣告人，成為高層主管後，行為也逐漸僵化、慣性化。我就遇過許多在尾牙聚餐時，對變裝秀或下海扮丑角等餘興節目抵死不從的大主管，他們寧可像個官僚說些「感謝大家，祝福大家用餐愉快……」之類無趣的話，也不願粉墨登場。在我看來，這些頂著廣告公司顯赫頭銜的傢伙，不比那位堅守兩只湯鍋的麵攤老板高明到哪裡去。

如果你害怕變成無聊的官僚，就得先改變自己對待腦細胞的態度。你絕對不可坐視那堆細胞在腦殼裡養尊處優，變得油胖癡肥，害你喪失思考的能力。你得設法把腦細胞訓練成勤奮的螞蟻，擺脫「豬腦袋」的惡名！廣告，憑良心說，這又是一件知易行難的老差事，比訓練貓狗去浴室、沙盆大小便，或訓練男人不要亂丟臭襪子要難得多。

很久以前，就有國內外的專家試圖教大家思考的方法，有的言過其實、中看不中用，但有的又頗為實用，令人獲益匪淺，可是我總覺得不夠，應該還要有更多思考方法被開發出來，以造福人群。畢竟腦力是無比浩瀚的巨物，思考方法太少絕對很難馴服它。現在，大家有救了，從東瀛扶桑之島來了一本名為《考具》的奇書，一開始看到書名，以為它是討論什麼考試工具或考古工具的書，待凝神細讀，始知它碰觸的正是創意界的頭號大難題——如何運用身邊可及的道具來幫助、激發思考力。

這真是個好消息，不必負笈國外修習撈什子的創意學分；不必花很貴的費用參加其實虛有其表的思考訓練課程；不必每天為了攝取DHA而吃一大堆深海魚油。你只消用心讀完本書，就像把「生長激素」打進腦子，腦細胞各個變成活力旺盛的英雄好漢。

我特別欣賞作者關於「創意人都是後天的論點」！使得為數眾多自認天分不足的人能夠重燃對創意工作的熱情，使得多如牛羊毛的懶人有望從無聊的官僚搖身一變成為有趣的活人。你要是肯「明天」就把這本書看完，搞不好真的「後天」便脫胎換骨。而這一切的改變竟然只花你一張電影票的價格，超划算！想想看你擁有多少作者說的「幫助思考的基本配備」？作者提出的二十一項「考具」，你要是擁有五項便受用不盡，何況是二十一項?!樣樣精通的話，你簡直是達文西或諸葛亮再世啦！

最起碼，你總得擁有一項「考具」吧！那就是這本書！就請將本書當成訓練腦力的一項道具吧！

目次

第2章 如何篩選「必要的資訊」？——讓訊息進入大腦的考具

第3章 展開、展開、展開！——延伸創意的考具

第4章

企劃＝點子的加減乘除！——將點子變成企劃的考具

序章

創意人並非與生俱來，學動腦現在開始並不遲

你正從事著與「動腦」、「企劃」有關的工作嗎？

現在這個時代，幾乎所有上班族的工作都需要「動腦」、「思考」，或許此刻的你也正為某個案子抱頭苦思、焦慮不已……

於是我想問你一個問題：你擁有幫助思考的「道具」嗎？

沒有嗎？為什麼？

我經常疑惑著，為何大部分從事思考工作的人，卻沒有能夠幫助自己思考的道具？我們每天都在動腦筋想點子、做企劃、執行計畫，並因此獲得利益，然而相對之下，能幫助思考的基本配備卻簡陋得可憐。如此一來，縱使是坐在最尖端的電腦前面鎮日苦思也無濟於事。如何幫助思考？誰也不曾教過我們。但這世上絕對有一些工具，就像電話、電腦一樣方便，能夠促進我們的思考！

世上一定有幫助思考的道具。

我將「能幫助思考的道具」稱作「考具」。

「考具」能使你的點子源源不絕，成為創意型人物；「考具」在手，你的大腦就成了「點子儲存庫」，身體則是「企劃工廠」。

我們不斷地被要求「想、想、想」，卻從來沒有人教我們如何「想」。於是我們只好焦頭爛額地陷入苦思，最後用電腦將所有雜七雜八的想法整理出來就算大功告成。這樣的模式是不是一直在重複？這種做法並沒有錯，只是很難說有效率。其實只要運用一點技巧、一些道具，發想的過程就變得輕鬆多了。

我目前任職於博報堂（註1）的CC局（Corporate Communication局：企業傳播局），主要的工作與公關（PR，Public Relations）有關。CC局在廣告公司裡是個無所不包的部門，從新商品上市期的情報戰略計劃到上市發表會的演出腳本，每天做著各種與資訊情報有關的企劃工作，而且工作的範疇極廣，要收集的資訊種類也五花八門、各式各樣。

現在回想起來，剛進公司時，我也患了「創意缺乏症」，卻被放在一個嚴酷的工作環境裡，上司並不理會我是個什麼都不懂的菜鳥，只交代一句「一星期後給我二十個企劃案！」就完全不理會我了。怎麼辦呢？我只好拚命模仿、拚命記筆記，努力將它完成，而唯一能依賴的工具就是「5W1H」（註2）。

想當然耳，接下來的會議就是我的企劃案陣亡日。那是我生平第一次對客戶提案，雖然只有一頁，卻是花了我三個晚上、不眠不休寫成的，結果在內部會議得到的回報竟是一句「不能用」！老闆輕易否決了我，改交由別人來寫。畢竟我無法在一進公司之後，就突然變得文思泉湧，提出好點子。

眼見四周的前輩們一個接一個地丟出了各種有趣的點子，不禁令我讚嘆他們才是名符其實的「創意人」，而我要成為企劃人，還有好長的一段路要走。

我的心裡異常苦惱，「原來我是個無趣的傢伙呀？」、「我過去到底在做什麼？怎麼活的？」、「要如何才會有創意呢？」

廣告人就是靠動腦吃飯，我們的商品就是企劃。

要做這行就一定要有想法、會動腦。此後，我便找盡各種有關「點子」的書，不斷閱讀，並從中找出適合自己的方法或工具，運用在每一次的工作中，如果能互相吻合並收到功效，就覺得非常幸運。如此一路摸索過來，花了近兩年的時間，逐漸整理出適合自己的方法，此時的我早已年過三十。

由於這些經歷，我深切地體認到，**所謂的「創意人」都是後天的**，並且與年齡無關。而**自我意識比環境的影響力更重要**。很會想點子的人其實和一般人所見所聞都一樣，他們同樣坐電車上班，在家裡看著相同的電視節目，**唯一不同的只在於「意識」**。也就是說，無意識的人即使面前出現了新點子的訊息也察覺不到，也不會睜大眼睛探詢下去。

睜大眼睛，掌握機會，這是不容小覷的思考技巧。點子其實來自於我們平凡的生活與日常工作中。只要心中隨時存有意識、運用點技巧、花些心思養成習慣，擁有創意並非難事。而且現在開始一點也不遲！因為我相信，任何人都可以成為點子源源不絕的知性武士。

發想點子、構思企劃都與性別無關，但限於篇幅，以下皆以「創意人」代表所有的男性與女性。

註1——博報堂為日本第二大廣告公司，第一大廣告公司則為電通。

註2——「5W1H」指思考或新聞寫作的元素，即what, who, when, where, why, how。

第 1 章

想「點子」、做「企劃」，到底在做什麼？

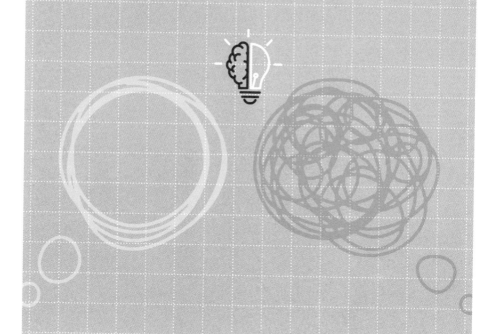

所謂的「想點子」、「做企劃」，具體來說，到底是在做什麼？而要進行「思考」時，又該如何進入狀況？

點子和企劃——這兩個名詞有何不同？

至少在日本的商業社會裡，這兩個字經常被混淆併用。我個人認爲，**點子需要變成企劃，而企劃是點子的具體呈現**。

「考具」則是產生點子和企劃的知性道具。不過在介紹各種考具的實踐方法之前，我想先將「點子」與「企劃」做更進一步的說明。

所謂「知己知彼，百戰百勝」，爲了能善用考具，我認爲有必要將使用目的、如何運用才能更具成效等事項再詳加定義。

目的清晰，手段就更有力！

點子與企劃，來自「WHAT」與「HOW」

點子無關大小！盡情去想，並讓它成形。

在商場上，具可行性的企劃包括了「做什麼」和「如何做」兩大要素。換言之，即是**「WHAT」**與**「HOW」**的差異。而這兩者都是產生點子的必要條件。

一般而言，我們將「ＨＯＷ」定義為操作，但我們又常說現在已不需要「操作型」的工作方式，因為我們處在位階不斷提升的環境，自己也已不再是動手做的階級了……。然而，儘管這是事實，操作一事，即所謂「ＨＯＷ」的部分，仍十分重要。就像拍電影、電視劇，即使演員相同，如果演出的方法不同，就成了另一齣戲，由此可知「ＨＯＷ」的重要性。工作時也一樣。當我們還只是小嘍囉時，全神貫注於「ＨＯＷ」的範疇。對於前輩和上司的指示，一心只牽掛著「怎麼做才不會失敗」。於是從各種工作細節中，我們累積了各式各樣的經驗與技術，將它們牢記在心中，如此才有辦法領到薪水。

但是過了幾年後，不知不覺已從菜鳥行列中畢業，開始會對自己的工作提出「這樣做有點不妥！」、「那樣做是不是會更好？」的質疑。

大部分的疑問，或許只是發發牢騷就過去了，然而這卻是由「HOW」轉成「點子」的開端。如果我們能將「這樣的做法行不通」轉變成「換成某某方法做做看會如何？」的想法，那麼你就與美妙的點子連上線了。

另一項「做什麼」就是「WHAT」。大家常說日本人最擅於改良，但其實，這也正顯示出日本人「WHAT」的思考力。「WHAT」也很重要。事實上，必須先決定要做什麼，接下來才能想「怎麼做」，因此在順序上，「WHAT」是擺在前面的。

如此說來，「WHAT」比較重要囉？我要在此大聲說明：「並非如此！」理由有二，首先，**在「HOW」的範疇裡，同樣需要創新、有效的點子**。如果沒有人在思考這些事，我們的公司會變成什麼模樣？何況，比起小規模的「WHAT」，大手筆的「HOW」更能賺錢呢！因此，對於我們這些執行者來說，兩者同樣重要。

另一個理由是，**「WHAT」和「HOW」的分界線很模糊**。如果我們加以分析，會發現一個「HOW」是由很多的「WHAT」組成。就像拉麵的祕傳醬料，也屬於料理的一部分。而做醬料本身就是一件事，一個「WHAT」。

我們也常遇到下面這種情況：原本在想「HOW」，最後出來的卻是「WHAT」……。而有些人更是在意點子與企劃的規模、預算的多寡等。

然而大規模就一定是好工作嗎？其實不然。只是就某方面而言，大案子較容易引人注目，年終獎金等獎賞也較好。

點子、企劃不分大小。有些點子或企劃的影響範圍雖小，但只要它具有十足的價值、能對人產生作用，就是好點子。而且最重要的是，好點子不分大小都能讓我們認知到自己是具有動腦能力、執行力的創意人。任何點子都是人想出來的，讓自己成為一個製造點子的工廠，比什麼都重要。

因此，**「WHAT」與「HOW」兩者都是思考的必要元素，並與大小無關，從現在起，便要養成將「做什麼」與「如何做」一起思考的習慣**。

過去我們太偏重「HOW」，因此我才大聲疾呼要注重「WHAT」。當然，每個人都有擅長與不擅長的地方，也因為如此，不論是「WHAT」還是「HOW」，只要能創造價值，就是最棒的成果。

記得我剛進公司時，所屬的CC局有句內部的精神標語：「化夢想之力，成實現之力。」老實說，當時的我並不十分瞭解這句話的含意，只是很膚淺地認為「誠然如此」，就不再深究了。如今想來，才越發體會這句話的精深奧妙。

這句話其實是告訴我們——**「夢想」，就是自己想做的「WHAT」，而將夢想實現即是「HOW」**。兩者缺少一樣，都無法順利完成廣告工作。更進一步地說，光只有作夢的腦袋、很會想點子、很會做企劃都是不夠的，若不能將點子變成實際的業務，那麼一切都是徒勞無功。這些道理，直到最近我才徹底領悟，從事動腦工作、想要做個創意人，就該兩者兼顧。

你事業的「夢想」是什麼？要如何具體成形？動腦最曼妙之處，就是你越想它，就越能企劃出只有你才想得到、做得到的夢想。如果我們將自己的夢想變成事實，企劃它、實現它、讓它在真實世界中誕生，這將是多麼令人興奮雀躍的事情呀！

動腦筋，想點子，人生大樂也！

想點子、做企劃的動腦流程

從「率性」到「體貼心」。

這是工業設計家川崎和男先生的主張。川崎先生是日本「G Mark」（good design，最佳商品設計獎）的評審委員長。一般我們對設計師的印象，多半認為他們是性情中人，但堅持己見，所謂率性的特質居多，然而川崎和男為 NHK 錄製、在某小學母校特別開班授課的特別節目《課外教學／學長您好》，後來被改編成《川崎和男　夢幻設計師》一書，在該書中，他卻提出這樣的主張：

「設計是從率性到體貼」。

設計的產生，最初是源自於個人的想法和慾望，所謂「率性」就是順著「我（自我）」的「性子（想法）」之意。但「設計師」卻必須將自我慾望，設計給周遭的人使用，讓設計的物品成為他們的工具。也就是說，必須從使用者的角度，嚴格地要求設計物是否具有使用方便等特性。因此川崎和男主張，如果沒有做到「貼心」這個步驟，就無法產生好的設計。

點子或企劃即是事與物的設計，這也是為什麼我們的部門現在改名為「CC 情報設計局」的原因。從這個角度來看，創意人不也是設計師的一種嗎？

「從率性轉換到貼心，才是設計。」這句話讓我非常感動。先要有自己的想法，再讓這個想法合乎社會需求，這樣的順序非常重要。如果從一開始就只想迎合他人的想法，那麼想出來的點子一定也乏善可陳。

面對課題：你想怎麼做？

這是所有點子、企劃的原點。沒有這樣的發想，就無法產生充滿熱情的企劃。然而我們的工作卻是從瞭解周遭狀況、別人想法及各種條件限制的會議中開始，這樣的結果只會讓我們累死在會議上，當然想不出好點子。因為，我們自始自終都沒有問自己想怎麼做。

身為創意人的你，**請先從「率性」開始**。在自我意志裡，自由自在地激盪出好點子，至於是否符合規範，待以後再來調整。

廣告公司便有這樣的文化。為了讓自己的企劃案能提給客戶，公司內部的會議就成了小型的捍衛戰場。如果不能堅定地為自己的企劃案辯護、說明它好在哪裡，那麼你的提案馬上就會敗下陣來。相反地，如果能順利通過會議考驗，那麼原本率性想出的點子，就能琢磨為成熟、出色的企劃案，如此經過一次次地唇槍舌戰，終於塑造出兼具熱情與能廣泛應用的好東西，成為川崎和男所說的「貼心」設計。只要能讓夢想實現，即便只是一樁沒什麼預算的小案子，都讓人雀躍歡喜，覺得人生無限美好。

而這樣的機會，每個人都有。

點子＝自由奔放的發想

歡迎靈機一動，可行性以後再說。

什麼是點子？英文叫做「idea」，德文稱做「idee」。我手邊的《Lognman WW 英英辭典》中記載：「a plan, thought, or suggestion that you have.」；《旺文社英和中辭典》則寫道：「①概念、觀念：想法。思想：認識：知識。②意見、見解、信念。③計劃、趣向、意圖：想到（靈機一動）。④漠然的印象、直覺、預感：想像、預想。⑤（哲學性的）概念、理念。⑥片語、主題……

哪一個才是標準答案？我最中意的、也是過去工作上可以落實的定義，即是——

「所謂點子，不過是既有要素和材料的新組合」。

這個定義源自於《創意的生成》（註 1）一書。

另外一本也是我很喜歡的書《如何激發大創意》（註 2）也採用這個定義：「好點子不過是既有要素和材料的新組合。」——這句話告訴我們，點子是無法無中生有的。再怎麼棒、怎麼獨特的點子，還是有賴與其他點子互相衝撞衍生而成。我自從發現這句話後，想點子變成非常輕鬆愉快，無須向神佛求助，就會有新鮮的點子源源不絕而來！

發現這定義後，我同時又發現另一件讓我心情放鬆之事，那就是：**對「新」的理解**。我們常需要「新點子」，結果卻是不斷逼迫自己要想出全世界沒有的點子，因而痛苦不堪。這樣的想法，其實沒有太大意義。

我們都不是當代的大發明家、大科學家。我們需要的只是在自我的工作與生活中能發揮作用、可行的點子或企劃。換句話說，只要是對「公司」或「家庭」而言是「新鮮的」，那就是「新」的點子了，不是嗎？這樣的觀點對我而言非常受用，我在思考企劃的過程中，也變得輕鬆許多。

例如對書店業導入超市的技術，那麼就是一種「新」。只要能產生讓生意好轉的力量就夠了。

我們只要借鏡其他公司、其他行業，就可以產生具有原創性的企劃，**儘管只有一點**

點新，但那就是新。

如果願意這樣想，那麼我們一定會發現點子的寶庫。

此外，我對點子還下了另一個定義，那就是「**點子是企劃的根源**」。我不是說「點子＝企劃」，一個點子很少能直接運用到工作上，通常都是和其他點子結合，再經過種種變貌，才形成最終的模樣。如果說點子就是老材料的新組合，那麼企劃即是各種點子加減乘除演算後所得來的結果。

此外，我也**不要求完美的點子**。異想天開也好，似曾相識也罷，點子就是點子，只要有點子就好。這點或許和一般上班族想法不盡相同。「感覺太普通了，我一定要想出令人驚豔的點子！」然而這樣的念頭卻經常讓我們作繭自縛，被莫須有的不成文規矩所限制住。從現在起，請捨棄這種觀念吧！

廣告公司在進行動腦會議時，經常出現許多無聊的笨點子，有的甚至會被揶揄：「對不起，你這樣的想法要花一兆日幣。」即使是如此這般的「爛點子」，也不要畏懼提出，因為在不斷與他人激辯的過程中，好點子就會應運誕生。

請堅信「**量變產生質變**」這句話。

然而，需要多大的量，才能產生質變呢？大家或許以為想出五個、十個點子就很了不起，其實這是不夠的。

點子要很多很多，越多越好。為了求取量，當然會出現一些無聊或想當然耳的想法，但有些想法對你來說是理所當然，對他人而言卻是新鮮的、前所未聞的呢！何況，任誰也很難立刻就有很好的想法出現，因此巨大的點子量是一切的真理。而且，點子也無須大量資訊的支持，**一行字也成立**。

通常我在開會時會提出預先想好的點子，其中有許多都是頗微不足道或無趣的想法，但你千萬不要覺得不好意思，要改變心態，認為這樣做又何妨，鼓勵自己說出來。

即便這樣，我們還是常常聽到有人說：「我就是無法將自己幼稚的想法告訴部長。」沒關係，敝公司也經常如此。開會時，或許有人寫了五十個想法，但當自己邊看邊過濾後，發表出來的不到二十個。因為有些點子說出來，恐怕還真的會遭到無情的批評，傷了自尊心，還是不說為妙，當然在這種情形下，不發表也情有可原。

只是，你和這位同事不同之處何在？

這位同事不管要不要給他人看，還是寫了五十個。雖然我們看不到對方寫了什麼，無法瞭解實際的內容，但請記住，這一點很重要。因為我們通常想到這個不好、那個不成熟，就在腦中自行否決那些想法，而不把它寫下來，結果點子就這樣溜走了。從現在起，絕對禁止這樣做。任何人都沒有權利讓點子在腦海裡無聲無息地消滅。**不管是多無聊的點子，都要將它寫在紙上**。這些全都是「你想到的點子」，都是你智慧的結晶。

可行性？這問題以後再考慮！管他要花一百兆日幣，或是公司要有十倍的規模才做得到，或是得考慮競爭者的存在等，這都不是現在要思考的問題。你甚至可以寫一篇〈夢之物語〉都沒關係，二十頁、三十頁都無妨，請盡情地寫。

無論是覺得「嗯，這一點可行喔」，還是認為「或許這只是在浪費紙張」，你唯一要做的，就是鋪起一片浩瀚廣漠、玉石交錯的點子大海。

註1——《*A Technique for Producing Ideas*》，楊傑美（James Webb Young）著。

註2——《*How to Get Ideas*》，傑克・佛斯特（Jack Forster）著。

探討點子的可行性，就是企劃

點子是材料，企劃就是將材料煮成美味的料理。

當想出不錯的點子後，如何讓它實現，便是企劃的工作。**所謂企劃，是指只要能掌握預算、準備、時間，就能將點子轉化成引人注目的計劃**。

如果我們沒有考慮到現實面，只是一味地將點子提出，通常下場不是得到客戶溫柔卻默默不語的微笑，就是被批評得體無完膚。

因此切記，點子要經過可行性的探討，將它推敲琢磨成任何人都一目瞭然的企劃案。推敲、琢磨、形成企劃案，廣告作業其實就是這麼一回事，而這也是將粗略的點子變成企劃工作真正的開始。

發想點子時，一行字就夠了，但是寫企劃案時，就需要起承轉合的完整性。而企劃的內容也經常是數個點子的整合。

不過我們也不要太過拘泥於細節。因為這個時候，大體上還不需要琢磨到細節部分。**一旦認為這個點子可行，只要先將其整合到可具體實現的狀態，兼顧「WHAT」與「HOW」兩者的平衡即可**。至於細節部分的斟酌，可等到實際執行時再進行。以廣告作業為例，就是將點子轉化到「腳本」或「企劃書」的階段，至於實際執行時還有「執行手冊」，那便是下階段的事了。

不過，**企劃書若沒有你自己發想的各種新鮮點子，這企劃書就一點也不「新」了**。

這就像我們到餐廳用餐，點子只是食材，需要經過廚師的精心設計與烹調，才能成為美味料理。一道主菜可是運用了煎、煮、炒、炸的功夫，將各式食材巧妙融合才完成的。大型企劃案就像餐廳的套餐，是眾多一品料理的組合。各式各樣的套餐有各式各樣的組合，而我們要做的，就是讓它在菜單上顯得可口，讓顧客看了忍不住想點來吃……

一流廚師做菜時一定會如此設想。企劃也是如此，而且因為相關預算遠超過一般的套餐，所以必須設想得更慎重、更周全，甚至必須更大膽地想像。

這樣的比喻還有另一層意義。請想想看我們吃過的套餐，除了生平第一次吃的套餐以外，大部分的套餐裡總有一、兩道菜是我們曾經吃過的，像是沙拉、甜點等，即使沒吃過，也應該聽過名稱，並不是從頭到尾都是創新的菜色。

企劃書也是如此，並不是要求整個案子都得充滿新點子。這樣想來就輕鬆多了，只要企劃的核心點子對你、對客戶而言是新鮮有趣的點子，這就是好創意。

切記，好點子不過是既有要素與材料的新組合。

當然，還是要提醒你，**企劃是不會突然誕生的**。踩在有形或無形的創意殘骸之上，企劃於是產生。如果想點子的過程馬虎隨便，也就不容易產生好的企劃。有了千錘百鍊的點子作為企劃的核心概念，才能使企劃案迷人。上司經常批評「這份企劃案沒有深度」指的就是這一點，也容易讓別人覺得你準備不夠。

每個人都具備評斷的能力，即使什麼想法都沒有的人，看到企劃案也能頭頭是道地批評不休。雖然被批評時我們的心中不免忿忿不平地暗罵：「你根本不懂！」但是罵歸罵，我們還是要超越這種層次，不要讓遺憾發生。

收集情報→擴展創意→彙整企劃

擴散與集中，是動腦的基本原則。

思考任何事情時，首先要將既有的素材放入腦中，重新組合，產生新創意後，再將其修整成具體可行的企劃案，這便是動腦的作業流程。

所謂既有的素材可能是以前已知的事，也可能是你注意到的事物或意識到的問題。從早到晚，我們的腦袋不斷地看、不斷地聽，已悄悄地在心中預存了許多將來可能會用到的素材。而既然新點子是既有要素和材料的新組合，那麼**既有的素材越多就越有利**。因此，不要讓機會溜走，平常就要多吸收新知。

我們可以將腦海中原有的材料重新組合成許多新創意。所謂「組合」不一定只是素材的相加，有時要相減，有時要相乘，嘗試各種組合方法。只要我們認真思考腦中儲藏的訊息，新點子就源源不絕。這就是所謂的「**延伸創意**」，我想沒有人會為點子太多而生氣吧。

即使想太多又何妨？它可能不適合現在的課題，卻或許能解決另一個問題。畢竟通常我們遇到的課題不會只有一個，因此請不要吝嗇動腦筋。

接下來，我們要冷靜下來，進行點子可用或不可用的篩選。對於新的點子，我們要整理一下哪些與舊點子有關、哪些實現度高，並徹底瞭解它們的問題點與障礙，這就是「集中」的動作——將各種無限延伸、擴展的點子朝可解決課題的方向集中整理，形成深具魅力的企劃。

如何運用大腦來發想點子和企劃案？就是要不斷地擴散、集中、集中、擴散，不停地在腦海中做伸縮動作。**思緒擴散時要能自由奔放**，無視障礙存在，拚命地延伸想法。**集中時則要能簡潔精練**，好的企劃都很單純。企劃書要容易懂、有創意、目標明確，令人看了以後躍躍欲試，甚至想增加執行預算，而且還須兼顧必然性與趣味性。「集中」並不是「變得實際卻無聊」，只要有新的、有趣的點子，即使再三地推敲琢磨，有趣的地方依舊有趣。

此外，需特別注意的是，在延伸創意時，要盡情地放開心胸去發想。就像體育課學跳舞，我們覺得這樣跳好誇張、好丟臉，實際上這樣才符合跳舞的標準。動腦時，務必放開一切束縛，盡情想像。

接下來，我們要瞭解有關頭腦的運作方式。只要稍微明瞭，以後每天的動腦作業都會很順暢。

我們的大腦其實是以放射性的方式，天馬行空、漫天放矢似地延伸創意，再加以彙整的。你是不是也常有這樣的經驗？明明是在想開會的事，腦中卻浮現今天早上看到的廣告傳單，或是想起約會之事……，一回神才趕緊把思緒又拉回來；然而如此雜亂無章、跳躍式的思考方式，卻反而能接二連三地浮現出解決問題的答案。

我們平時進行知性活動的方法，和我們的大腦思考方法恐怕有所不同。我們最常進行的知性活動基本上都是直線式的。以打字為例，我們從左上角一直打到右上方，然後又回到左邊開始第二行，一行一行地朝紙張的右下方移動，這就是書寫文章的方式，因而我們的文章寫好後都是一行行筆直的直線。但是，要發想點子時，如果開始就以直線進行，一定會遇到阻礙。

動腦筋想點子或企劃時的思考方式稍有不同，如果你過去都是線性思考，那麼請從現在起稍微做些改變。

以上是成為創意人的基本觀點。有時稍微改變角度，就能看到不一樣的東西。

擴散、集中。無論多幼稚，點子就是點子。只要有一點點新意，就是十足地新意。只要有好的企劃，就能把亂無頭緒的點子修整成具體可行的方法。

以上的幾個例子，其實我們在日常生活中也都經常用到，我只不過是**將平時體會到的動腦方式拿來運用到工作上**而已。而「考具」正是為了幫助動腦、幫助搜尋情報、幫助形成企劃架構的工具。我們也可以稱之為「不會說話的指導員」。

接著，終於要進入主題，介紹我所使用的考具了。或許這些考具無法百分之百適合你，然而本書的重點並非在教人「如何」使用考具，而是希望大家瞭解「為何」使用。只要能明確掌握目標，任何考具均可以使用。

這就像選高爾夫球的球桿一樣，一定要親自拿握之後，才能找出最適合自己感覺的球桿；同樣地，考具的重點並不在培養操作高手，而是希望藉由考具激發創意，培養出更多能善用「WHAT」和「HOW」的創意人，這才是考具的真正目的。

第 2 章

如何篩選「必要的資訊」？

——讓訊息進入大腦的考具

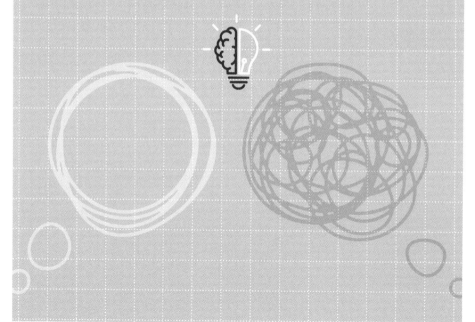

第一個推薦使用的考具，是讓資訊進入自己腦海的工具。例如看報紙、看熱門電視節目等，我們可以一邊看，一邊將其中的創意吸收到我們的腦子裡。這種透過五種感官大量吸收的資訊，可分成以下幾類：

①立即可用的資訊；
②有點關聯性的周邊資訊；
③沒什麼理由，就是引起自己注意的資訊。

這三類資訊每一類都很重要。不過由於我們的工作時限通常都很緊迫，當然是第一類的資訊越多越好。但首先，你必須有一個明確的概念：「究竟什麼樣的資訊，才是你真正需要的？」

一旦你做了這個基本動作，就能從大量的資訊中過濾、篩選，而這正是面對各種資訊衝擊的重要訣竅。

什麼是你想收集的資訊？

錄。

什麼是非解決不可的事？

請先將這兩個前提謹記在心，發出聲音把它說出來，或是寫在紙張的角落作爲備忘錄。

或許你會認爲這樣做好像有點愚蠢，而且有點麻煩，但如果你做了，就會發現效果眞的不同。這不是用道理能解釋的，也不是在騙你，你試試看就知道。

如此一切就緒，就待我們使用考具收集資訊！

考具1

色彩浴

收集顏色，觸發靈感。

色彩浴（color bath）？沒聽過吧，簡而言之，就是讓自己沉浸在顏色裡。方法很簡單。早上出門前，先決定「今天的幸運色」。紅色？黃色？藍色？什麼顏色都可以。假如決定今天是「紅色」，決定後，就直接出門去上班。

「今天路上紅色汽車特別多呢！」不知道為什麼，一路上紅色汽車特別引起你的注意，紅色的戶外廣告也格外醒目。這就是色彩浴的效果。

其實真的統計起來，紅色汽車並沒有特別多，即使有，也多不了幾個百分比。你會覺得不同，是因為你意識到「今天是紅色的日子」，所以特別容易注意到紅色事物。是不是有些不可思議呢？那是因為我們**想看，所以才看見**。也就是我們從「see」變成了

「look」。

這樣的經驗不只限於顏色，你是否也常覺得「不知何故，自己掛記的事物會突然出現在面前」？

其實我們都有這樣的經驗，我們經常無意識地命令大腦去搜尋我們想知道的事情。只是過去是很隨意的，如今卻是有意識地去搜尋。

如何使用色彩浴？大致可以分成兩種方式。

一種是平時的方法，沒有特別目標，只是搜尋一些對自己有用的資訊。另一種則是目標明確，為了解決目前問題而尋找靈感。無論是哪一種，在通勤時、移動中，或是在街道行進時，都很有效。

平時採用這種方法時，首先要決定一項意識物，例如前面提到的「顏色」，或是其他主題均可。使用色彩浴是因為顏色最容易瞭解，也最容易注意到。只要決定「紅色」，各種紅色事物便會不斷映入眼簾，即使是在家中也一樣，紅色的筆、紅色的書封、紅色的襪子、紅色的電腦磁碟片盒子……。走到外面也是滿街的紅色事物，紅色的汽車、行人的紅洋裝、紅色手提包，冬天的話，還有滿街的紅圍巾。商店街的看板也以紅色居多。如果有機會進入商店，準又是一場紅色風暴。甚至多到讓自己驚訝地大嘆：「竟然有這麼多紅色的事物！」

驚嘆之餘，請再度搜尋接下來會看到什麼樣的紅色事物。我便經常在心中喃喃自語地列舉各種相關事物。接下來，我就將這些具有紅色共通點、超乎自己想像的紅色事物做一番整理，襪子和火車壽司的看板，這在平常是絕對不會聯想在一起的。

色彩浴的不可思議之處，就在能將平時看似無關之物自然地聯結在一起。光是以這樣的方式逛街，就能讓新鮮的事物源源不絕地呈現在眼前。

回想一下前面所說的，「點子不過是既有要素和材料的新組合」，既有材料雖然是重點，卻也常常是陷阱。

在我們還不習慣動腦筋想點子時，能夠探尋的既有要素和材料範圍非常狹隘，例如想到汽車，我們便只會一直繞著汽車周邊的事物打轉。

以創意維生的廣告人經常遇到這種陷阱。我們會顧慮到「這件事與主題有關嗎？」

而就此打住。如果不自我設限，努力地往下想，或許創意就會冒出新芽。可惜的是，儘管我們常常告訴自己「今天絕對要有不一樣的想法」，但如果觀察事物的觀點沒變，一切還是徒勞無功。藉由強迫自己決定一個顏色的方式，使自己的注意力脫離平時思考的方向，是運用色彩浴的最大好處。

平常進行色彩浴訓練時，如果只是漫不經心地胡亂聯想著：「是啊，紅色的東西真不少，某某壽司店的招牌也是紅色的，那麼今天不要吃鮪魚肚生魚片好了，就吃赤貝吧！」結果也是白搭。

這種訓練並不是要你走火入魔。反正你明天還要換另一種顏色進行。你也不必強迫自己把看到的東西都記起來，只要抱著「急用時，突然跑出福至心靈的超棒主意」的態度就好。**認真試一次看看，能確實這麼做就是突破，而且一定對你有所幫助**。

老實說，練習初期因為覺得有趣，所以我每天都做色彩浴訓練，不過現在已經沒有天天做了。現在即使進行，也多半是短短幾分鐘或是在等紅綠燈、橫越兩百公尺的馬路時。儘管如此，每次還是都有新發現，即使是熟悉的店面和看板，也常會有新品上市或更新的情形。**「色彩浴考具」讓我們將注目的焦點放在異於平時的細節或品項上，擴大新發現的範圍**。

載物架上的空罐菸灰缸也是綠色的。

「兒童城」裡有大人的健身中心。

塗鴉裡出現了可以使用的素材。

指甲美容，為什麼過去一直都沒有注意到？

試著以「綠色」練習色彩浴

某個星期天早上，從涉谷的後街走到南青山。（○處是綠色）

只是一般的垃圾桶嗎？那可不！請注意「垃圾投入口的設計」、「縫隙」、「材質」等，可收集的資訊好多好多。綠色是關鍵點。

至少有五處綠色。原本是沒有關係的事物，因為綠色瞬間產生關係。

初體驗。原來空罐的運送方式是這樣的。

在東京有西宮的車號。嗯，可以是個有趣的點子。

使用「顏色」做練習總會有用盡的時候，你可以再使用「形狀」、「位置」、「聲音」等其他主題。所謂「形狀」，像是圓形、方形、尾端是尖形……。「位置」則可以改變我們習慣的視線高度。

有趣的主題之一是「天花板」。天空、電車的車廂、房間的天花板，你記得它們長什麼模樣嗎？坐電車上班時，試著想想阿媽家的天花板，木板上浮著各種類似動物模樣的圖案，不過，如果你一邊想，一邊不自主地竊笑，可是會嚇壞一旁乘客的，這點可得多留意。

還有「聲音」的考具。資訊不一定都是用眼睛看的，有時可以是「用手摸的」、「用鼻子聞的」等，以五種感官收集。以眼↓耳↓鼻↓手↓舌的順序收集情報，許多資訊的距離就會拉近了許多（不過通勤時可不適用舌頭考具吧）。

我們也可依**「場所」**進行運用，例如在百貨公司進行就頗為有趣。

練習的方法也一樣，先決定顏色後，便從最上層開始往下走到地下樓層。百貨公司的好處就是商品種類很多，當然有些樓層又分男性、女性，如果覺得不好意思，找異性朋友一起逛就不會緊張了，或者告訴自己是來「買禮物」的，心情就會放鬆許多。百貨公司還有一個好處，就是設計精良的東西特別多，在此收集資訊往往可以得到不錯的靈感哦！

至於大型購物中心也是不錯的地點，不但專賣店多，種類也很豐富。下次還可以到一些過去沒有機會進去的商店或賣場試試看。

書店也不錯。小說、商業叢刊、漫畫，不再用過去常用的分類，試著用顏色重新觀察。你會發現，即使是一本書，也會讓你驚嘆道：「原來還有這樣的東西啊！」快速地一頁一頁翻閱，腦袋裡的資訊儲存庫也會瞬間擴大好幾倍呢！

做練習其實頗為費事，因此你需要將它變成遊戲，或者變成能說服自己的理由，才不會半途而廢。

我最近深刻體會到，在發想點子、構思企劃時，**「替換」**、**「理由」和「一點點的強制力」**就可以變成很大的力量，而巧妙地運用這種力量，不但能幫助自己跨越心理與生理的障礙和限制，還能降低發想的門檻和困難度，而這正是最重要的。

言歸正傳。

當沒有緊急事件時，以遊戲的心情收集資料當然很好，但如果今天下午一點得交出五件企劃案，卻只有兩件有眉目時，該怎麼辦？色彩浴在此時也可以發揮效用。

基本上，方法是相同的。

早上出門前，先決定今天的關鍵字。平時順著自己的心情決定沒關係，但今天總有點不安，最好能選定三項與工作課題有關的主題。如果你得替有關減肥的書想出銷售方法，就能選擇「可以當成書名的文字」、「書的封面顏色」，以及想像瘦身後的自我模樣——「像根木棒似的細長之物」等來命題。

收集到的內容好像無法正面解決問題，但是色彩浴的好處就是能將看似不相關的東西以顏色串連在一起。因此，**從「顏色」或「標題的一部分」著手，稍微跳遠一點收集資料，你會意想不到地收集到許多情報**。當然，根據個人的不同需求，主題方向需要做一些調整。

出發吧！然後你會不可思議地發現，眼前出現了許多能激發靈感的事物。這些訊息不論是好是壞，也不管是否有意義，都請全盤接受。因為我們無法立刻判斷它們是不是能帶給我們靈感與突破，所以先全盤接受，不要先考慮可行性而自以為是地將它們過濾掉。記得**先擴散，再集中**。這個原則與搜尋資訊的階段一樣，不用理會是否能用，因為那是下一階段的事，目前只管收集資訊。

那麼，收集到的資訊又該如何處理？我們在第三章會有詳細解說，基本上就是將「組合」發揮得淋漓盡致。色彩浴是用來收集組合時所需的大量材料，我們常聽人說：「街道是資訊的寶庫」，然而不懂得如何尋寶也是枉然，而挖寶的最佳利器，無非就是「顏色」，請儘早嘗試。

考具2

隔牆有耳

間接的街頭訪問，將心聲變成素材。

色彩浴主要是掌握映入眼簾的資訊情報的考具。在城市中，由眼睛所收集到的資訊，大部分是不特定多數的景物或現象。接下來，我們就要使用「耳朵」這個考具，收集與個人生活密切相關的資訊情報。

隔牆有耳法，聽起來似乎頗具爭議性。

例如坐電車的時候，總是會碰到有些人說話很大聲，我們往往會很想摀住耳朵大叫：「吵死了！」但下次請你敞開胸懷，傾耳聽聽他們在說什麼，說不定有些商場人士確實在交換一些祕密情報，但我們這麼做的目的並不在於獲取什麼內線消息。

有很多人為了獲得靈感而希望能「和某某人討論」。這是非常正確的做法，有時和某人討論後，所獲得的情報確實都能派上用場。如果有不懂的地方，也可以直接發問。

不過這種做法需要充裕的時間，我們無法每天每夜都撥出時間，而且每次都能找到對的人一起討論。這時最好的辦法就是善用耳朵傾聽，也就是所謂的**「間接訪談法」**，能聽就聽，隨時豎起耳朵接受訊息。

首先，我們可以從中得知最近的熱門話題。坐清晨頭班電車才剛要回家的兩位上班族閒聊著：「有機會和大家一起討論真好，這又讓我衝勁十足……」這是多麼認真的話啊！不過，「大家一起聊聊，衝勁油然而生」這句話好像是個不錯的切入點。

或者學生們聊著：「你去過某某地方嗎？」、「昨天晚上的電視節目……」這些都是我們瞭解消費者行為的最佳市調場所，聽到的都是消費者最直接的心聲。

雖然我們常說「顧客第一」，但腦中卻逐漸忽略具體描繪顧客模樣的重要性，像是長相、聲音等。我們常在事前想像什麼樣的人會購買我們的商品，結果卻經常與事實有很大的出入。實際使用者提供的意見，帶來的啟發與靈感最多，因此人們常說「要傾聽顧客的聲音」不是嗎？

在廣告公司常用的調查裡，有一種「座談會訪談法」（group interview），就是邀請五到八名實際使用過產品的消費者，由主持人詢問大家問題，聽取消費者的意見。但舉辦座談會需要大費周章，不妨將這項考具當作是簡易的座談會訪談法，而且說不定比座談會更能夠聽到消費者真正的心聲。

例如想瞭解年輕人的趨勢，與其閱讀調查出來的數據資料，不如親耳聆聽他們的感受要來得直接、深刻。我們會瞬間感到「啊，真的造成話題呢！」雖然有時聽到的只是少數人的意見，不過**自己的親身體驗總是無可取代**。

其次，請注意說話者的**用字遣詞**。通常辦公室坐久了，會對一些新的詞彙感到生疏，即使書面資料告訴我們「現在流行〇〇〇這句話」，但我們還是感受不到這句話說起來的語氣、聲調，傾聽時可以連影射的含意都親自體會，這才有說服力。

同樣地，在咖啡廳或餐廳裡，豎耳傾聽也很重要。尤其是在家庭式餐廳，這種男女老少聚集的地方，更要把握機會。

當然，想點子做企劃時會鎖定特定的目標對象，不過如果是一般的商品，不妨把這些人當成是「潛在的消費者」來進行資訊收集。

根據我的經驗，即使是深夜一點，也曾看過老太太一個人在餐廳吃飯，或是像在等人的顧客。於是我就觀察他們等待時都做些什麼？靠什麼打發時間？甚至想像他的職業……，簡直就像福爾摩斯一樣。博報堂將消費者稱為生活者，於是我便如此任意地揣測生活者的各個生活面相。

有時在居酒屋也能聽到爆炸性的內心告白。

「某某部長根本就不懂○○……」這樣的對話幾乎要掀翻了屋頂，儘管我自己其實也快要發類似的牢騷，但無意中聽到別人同樣的說法，還是很震撼。

最近有許多企業為了再創公司內部活力，積極推展相關改進方針，而居酒屋裡的這些人全部都是顧客，而且是顧客的大集合。要想出公司內部的政策，瞭解政策的極限何在，到這邊來收集情報就對了。

用耳朵收集資訊還有一項最上乘的功夫，那就是成為一個「會傾聽的人」。換言之，就是必須具備一流的提問技巧。如果運氣好，找到一個願意和你聊一聊的人時，這項技巧就得派上用場。問話是一項高深的技術，原本應該扮演傾聽者的我們，卻常常滔滔不絕地發表高論，這種情況又以點子多的人最嚴重。

《與成功有約》(註1)這本書介紹了許多有關提問的技巧與效用，簡單明瞭，各位可以試試。

傾聽他人說話還有一項功能，就是可與他人分享他的生活經驗。

所謂「對工作有所助益的點子、企劃」，並不只是為了服務自己。顧客、股東、從業人員、地方上的人士……，這些人才是主角。甚至不只是國內人士，還包括國際性的對象。

我們常因工作需要，必須急速擴大服務對象，但問題不在於我們能否跟上如此變化，有很多事儘管我們知識豐富，卻無暇以身體或感情去細膩地體驗、瞭解。因此，暫時分享他人的感情或經驗，對我們擴大思考範圍極有幫助。就像在色彩浴中所提及的，其實在我們日常生活中，還有許多事是我們不知道或沒注意到的，其差異只在於我們看事物的眼光而已。

能幫助工作順利完成的工具，其實近在咫尺。

只要稍微舉目四望、豎耳傾聽，一切將有所不同。千真萬確，只是一點點的改變，卻會帶來意想不到的效果。

註1——《*The 7 Habits of Highly Effective People*》，史蒂芬·柯維（Stephen Covey）等著，天下文化出版。

考具3

小小備忘錄

人是健忘的，想到什麼就記下來。

色彩浴、隔牆有耳，這些是幫助我們從身邊獲得靈感、構思企劃的工具。目前這兩項道具都是免費的，而且應該也不是很麻煩的事。

接下來是第三種考具——小小備忘錄。

人是很健忘的，很多事一轉眼就忘記。今天早上做的夢，出門上班時就已經完全忘光。從眼睛、耳朵、鼻子等獲得的想法，除非是高度緊急事件，否則通常一轉身就忘記了。

怎麼辦呢？

請將它記下來。

我指的不是鉅細靡遺的嚴謹記錄，**只要輕鬆地、隨意地、不費事地記下來即可**。寫在哪裡都可以。筆記本、記事手冊、PDA、手上的報紙、看過的書的空白頁、手掌上……任何地方都可以。

連寫在手掌也可以……。為什麼要寫下來呢？這是因為我經常事後想使用時卻找不到當初所寫的小紙片之故。此外，還有一個意義就是為了要「動手」。只要用手寫下來，通常都會留下印象，也容易回想起來。記下來也不是要寫得多仔細、多正確，只要記重點即可。將記下的小紙條夾在記事本裡，放在書桌上，必要時放在最顯眼的地方提醒自己。

寫備忘錄的方式因人而異，不過簡短的備忘錄最有效。有些備忘錄只有一句話，但是光看這句話就能把當時所有的想法都引出來。你是否也有這樣的經驗？因為一句話，剎時之間一切回憶便如潮水般湧來，歷歷在目。

如果想不出來，就到此為止。

目前派不上用場的點子，就放棄它。我的抽屜裡充斥著無數陳舊的備忘錄，有的甚至潦草到連自己都看不懂當時寫了什麼，不過這都沒關係，就當作無緣吧！放棄就是了。而且有時會發現，原來同樣的事情，自己已經寫了好多次，記性還真是不好呢！但也不要洩氣，就把它當作「一定是很重要的資訊」來鼓舞自己。

做備忘錄的效用就是將腦中的想法整理出來。在記錄想法的當下，你是否會感到自己正在處理腦中突然湧現的巨量資訊呢？

當你靈機一動時，各種念頭就從四面八方湧出，但是你不一定能立刻理出頭緒，這種情形很像未儲存在硬碟裡的大量數據。這時，只要我們動手將這些模糊的念頭一個個記下，一些不完整的想法也會逐漸清晰起來，甚至只要某個契機，有些只寫了最粗略起頭的紙片，也能將沉睡中的記憶逐一喚醒。

小學時，我們學寫字，雖然覺得痛苦，但還是一遍又一遍、一筆一劃地練習，覺得這樣做才能經久不忘。近來，用圖解方式整理資訊的方法備受矚目，但寫備忘錄卻仍是停留在原點。動手做還是有意義的。

寫備忘錄也有上乘功夫。

就是要善用圖像、繪畫的要素。一般人都是用文字做備忘錄，下次不妨試著用繪畫的方式做做看，而且不要擔心畫不好，因為又不是要給別人看。

或者也可以用繪圖與文字並用的複合型備忘錄。一旦你習慣用視覺方法捕捉事物之後，真的有莫大助益。第四章將介紹把點子整合成企劃的考具，會提到**「用圖畫思考」**，這對想點子、構思企劃案非常有幫助，因為它能輕而易舉地掌握事件整體樣貌。

以語言來說，有很多表現方式曖昧不明。既然是要找出「做什麼」（WHAT），那麼曖昧不清就是大敵。用字清楚卻語意混沌不明的備忘錄是沒有用的。

說到這裡，我們順便來用筆的顏色玩遊戲。大部分的人都使用黑色墨水的筆，當中應該也有人使用三色原子筆。為了要使紀錄更色彩繽紛，用多色筆工作是件很快樂的事。

說真的，我們在想點子時，準備十枝同色的筆，不如準備十枝不同顏色的筆，更能帶來新的刺激。我時常想，備忘錄應該包含各式各樣的要素。

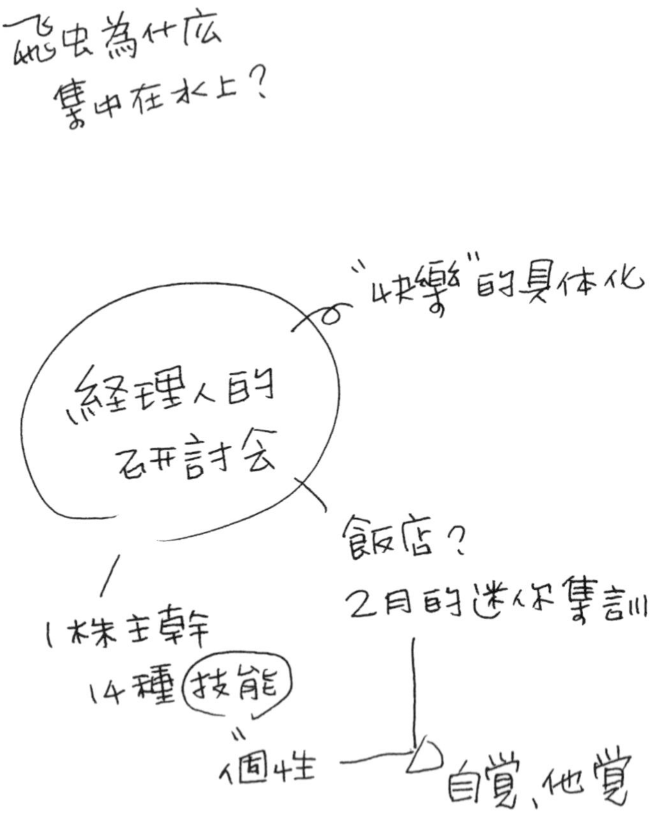

●讀者恐怕不明所以，不過只要寫的人知其所以然就好了。

小小備忘錄

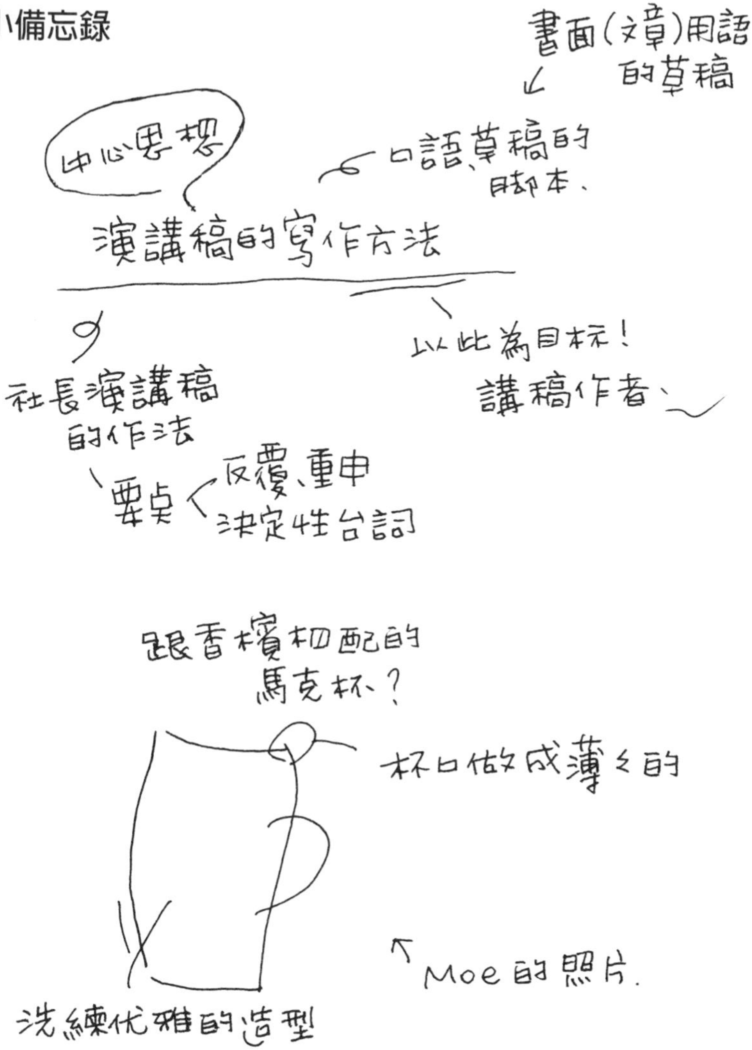
書面(文章)用語的草稿
中心思想
口語草稿的腳本、
演講稿的寫作方法
以此為目標！
講稿作者、
社長演講稿的作法
要點
反覆、重申
決定性台詞
跟香檳相配的馬克杯？
杯口做成薄薄的
Moe的照片
洗練優雅的造型

儘管程度有限，但備忘錄有備忘的效果。為了能養成更輕易激發各種點子的習慣，我們對於寫備忘錄的方式也要下功夫，只要不是無理的要求都要想想。

這樣說或許不易理解，因此我在此野人獻曝，將自己的備忘錄拿出來當例子，請各位參考（請參照前頁）。

看起來亂七八糟的備忘錄，可是最後卻能形成點子，具體實行，我自己也覺得很不可思議。

考具4

七色鸚哥

每個人都有不同的世界觀，只要實際體會就能發現其中的道理。

知道《七色鸚哥》嗎？這是已故漫畫家手塚治蟲先生著名的漫畫（台灣東販）。七色鸚哥是位替身演員，卻在劇場裡偷東西，故事中還有一位一直在捉拿他的警察……，這部漫畫曾經以各種美麗的名稱多次搬上舞台。而所謂的七色鸚哥，就是指演技精湛的優秀演員。

第四種考具就是「七色鸚哥」。我們學習的對象是演員，就是要**演演看**。但是在想點子時，演演看指的是什麼呢？

無論是上司或研討會的老師，總是循循善誘地告訴我們：「要站在顧客的立場看事情」、「要用顧客的心情思考」。我之前也多次提到要用「生活者的心情想事情」，雖說只是「想事情」，但用想的真的就行得通嗎？還是努力了半天，終究「無法想像」？

道理我們都懂，但為什麼我們就是無法轉換成他們的心情？

這時候，七色鸚哥考具就派上用場了。如果我們能如同演員般地驅動我們的身體，將會驚訝地發現真的有一些感受湧上心頭，許多感覺就這樣掌握到了。請將這種**「如實的感覺」**維持一段時間。就像看完小馬哥的電影，每個人走出戲院時，都宛如黑道大哥般威風凜凜，就是這個道理。

例如現在我們要開發「賣給十歲兒童的商品」，因為大家都曾當過十歲的孩子，所以只要回想當時的心情就可以了。然而，實際上卻是什麼也想不起來，而且現今環境也和過去截然不同。那該怎麼辦？

試著蹲下身來，變成為身高一四〇公分的十歲小孩！

你的視線全然改觀了，世界也完全不同了。

你的手和腳都變短、縮小了。是不是有些東西的把手根本抓不到呢？腳下的空隙是否太大？指示用的看板位置、角度，是否看得清楚？

並不是說只要我們蹲下來，就真能回到十歲的時候，但這麼做總會為我們帶來一些啟示。許多我們過去沒有注意到的事物也會突然間變得清晰可見。

或者，如果你是櫃台人員，要如何掌握在此等待的賓客的心情呢？不妨往櫃台的相反方向移動，然後坐下來看看，動一動身體，便能體會到一些只有身體才能體會的事實。

我想，大概有人會不以為然地說：「這太簡單了！」但真能這樣去做的人卻少之又少。想必這是因為在我們「思考」的概念中，通常不包括**「用身體實際行動」**這一部分吧！然而，實際上我們常常做類似的事，好比某某車站的階梯設計不良，或者遇到不恰當的事況時，你總是會站在客人的立場做各種的設想。同樣地，對於自己的商品或業務，也可以用同樣的方式做做看。

在槙原敬之唱的〈妳的腳踏車〉這首歌中，曾經提到：「昨天夜裡大爭吵，妳就這樣跑出去。」平常都是騎腳踏車到家裡的女友，那天一怒之下，忘了騎車就走了。男主角沒有調整龍頭的高度便騎女友的車到她家。於是他唱到：「我騎妳的腳踏車，想要去見妳，有點不好騎，但我沒有調整高度……」第二段則唱到：「我騎著妳的腳踏車，第一次瞭解到在膝蓋彎曲的世界，抬頭仰望我的心情……」這就是七色鸚哥的意思。

藉由這種心情與行動所獲得的感受是很重要的，請善加珍惜。「小小備忘錄」是說明動手記錄的重要性，本節重點則在於要用整個身體去感受，必要時，更要發出聲音講出來。

你知道《花錢有理》（註1）這本書嗎？這是美國實踐派顧問所寫的暢銷書。他在他所服務的客戶商店內裝了數台攝影機，以便觀察消費者的購物行為。透過攝影機，開發出瞭解顧客困擾的新手法。日本博報堂生活綜合研究所在進行生活者的生活行動調查時，也曾派調查員一整天跟在受訪者家裡進行調查。這些實際的觀察也是一種擬真體驗的手法。

只是如此的做法需要有錢、有時間……，而什麼都沒有的我們，又該怎麼辦？

那就自己一人飾演兩個角色、三個角色，同時扮演小孩、大人、老年人試試看。

某家超級市場曾從顧客的角度對店員進行模擬訓練，其結果讓店長感動萬分。因為他站在顧客的角度觀察，才發現收銀員的心情與辛勞，於是公司的高階主管、董事都紛紛參加這個體驗訓練，也更加快了公司經營改革的腳步。

另一段超級市場的佳話，則是發生在愛爾蘭的「超級皇后」（Super Queen），該超市董事的義務之一，就是每個月要實際去購物一次。

汽車業界的朋友也經常租競爭品牌的車來試開。如果從事的是與銀髮族相關的工作，就會時常放慢速度在街上漫步。不同業界有不同做法，但重要的是，要盡可能去模擬、體驗不同的立場與定位。如此，一定會有豐碩的收穫。

事實上，每個人都擅於「扮演」。有許多事，只要實際去演練就能懂得其中的道理。向七色鸚哥挑戰看看！你將能更深入地挖掘到各式各樣、精采豐富的「要素與材料」。當然，你的點子也就會越發有創意且與眾不同。

註1——《*Why We Buy : The Science of Shopping*》，安德席爾・派克（Underhill Paco）著。

考具5

影像閱讀法

書和雜誌是靈感的藏寶箱，賜予我們最鍾愛的寶石。

書和雜誌是資訊的寶庫。即使是電視節目的製作人也會閱讀印刷媒體，作為企劃參考。何況商業社會的文字處理特別多，光是文件的往返數量便大得驚人，近來電子郵件更是暴增。如果你的工作需動腦發想創意，那更是無法避免閱讀這件事。

印刷媒體是巨量資訊被編輯整理的成果，以容易吸收、一目瞭然的型態與我們見面，可說是一等一的FAQ（常見問題）集錦。尤其圖書是作者傾注心血與知識的產物，可說是效率極高的情報來源。而且報章雜誌與一晃即逝的電視影像不同，沒有播放時間的限制，再忙都可擁有它。

儘管如此，書報雜誌的數量還是太多了。在日本，一天約能發行兩百種新書、四千五百種雜誌，這些我們不可能全部看過，即使心有餘也力不足。

我想不少人有此煩惱，因此最近日本的速讀補習班門庭若市、生意興隆。如果我們的工作需要經常想點子，那麼如何將大量的資訊變成我們的知識，並加以吸收運用，便成了一大課題。

這個問題我們可以用「影像閱讀法」（photo reading）這種考具來解決。影像閱讀法結合了專業的速讀方法，是由日本的行銷學者神田昌典所導入。儘管速讀的方法很多，不過根據個人的經驗，我認為這種方法最為容易。

對速讀有興趣的人，還可以詳閱《十倍速影像閱讀法》（註1）這本書，書中的兩大要點為：**「改變讀書的定義」及「活用右腦思考」**。

其中的「改變讀書的定義」一項，對喜歡閱讀的我來說，帶來了莫大的衝擊。作者認為，**一本書對你有意義的部分只占四%至十一%**，因此所謂讀書，就是找到那必要的部分，並進而將它變成自己的知識。如果你是為了追求事業成功而向書本求取知識，那麼掌握這點不就足夠了？

我恍然大悟，原來是基於這個道理才能快速閱讀。因為工作不得不閱讀的書，或是因有點興趣而閱讀的書，確實只要照這個說法去做就可以了。換句話說，有些書沒有必要從頭讀到尾，**只要挑對自己重要、必要的資訊閱讀即可**。

這種說法聽來似乎頗為乏味，不過你也可以將它運用在閱讀文藝小說上。當然，影像閱讀法的重點不是在掌握多少百分比的內容，而是要概要性地、迅速地，確實掌握作者的主張和觀點。

至於活用右腦，乍聽之下好像很傳統，其實就是運用影像閱讀法，將書扉打開的兩頁文字，**以「圖像」的方法讀取**。閱讀時，如果是文章就會輸入左腦，但如果將兩頁文字當成圖像，就會輸入專司圖像的右腦，這就是此一方法最大的特色。如此一來，閱讀一頁僅需一秒鐘，以本書為例，只要四分多鐘就處理完了。但一開始我們就必須清楚地設定，自己希望能從書中獲得什麼？我想問作者的問題為何？

利用影像閱讀法所獲取的資料，不必急著立刻整理，先擱置一個晚上，再將昨晚找出的重要資訊快速瀏覽，這樣的動作可以重複進行。做過影像閱讀法的資料先暫時擱置，等一段時間後再繼續進行，是此方法的特徵之一。

影像閱讀法對我特別有用的是，可以一遍又一遍不斷地將全書瀏覽而過。因為過去

影像閱讀法

不是茫然地閱讀，而是先將目標設定為「尋找對我有用的資訊」，然後一邊翻閱書本，一邊搜尋重點。

準備
1. 清楚瞭解「讀書的目的」
   ※ 我要從這本書中得到什麼？
2. 使自己集中精神

▼

預習
1.「翻閱」書籍，尋找「關鍵字」
   ※ 原則上，從整體開始再到部分。
   ※ 尋找符合目的的關鍵字。
2. 再次檢討要不要讀
   ※ 真的有必要閱讀嗎？

▼

影像閱讀
1. 進入「集中學習狀況」
2. 將書本以「影像焦點狀態」的圖像全頁讀取
   ※ 前後幾次的確認，保持肯定的態度。

▼

活用
1. 一邊複習，一邊問自己問題
   ※ 影像閱讀後，快速尋找本書的關鍵字，並試著向作者提出問題。

（之後，花 20 分鐘到 24 小時，讓資訊在心中成熟）

2. 超高速瀏覽與翻閱
   ※ 相信自己的直覺，找出有必要詳讀的地方。
   ※ 必要時多做幾次。
3. 製作心智圖
   ※ 將自我的理解轉換成一目瞭然的形式。

▼

高速閱讀
1. 自在地調整速度，一口氣讀完
   ※ 自己不需要的就快速略過。
   ※ 必要時要降低速度慢慢讀。

看書，常常從頭到尾只看一遍，且整本書看完後幾乎什麼都不記得了，現在可以一次又一次地翻閱，找到自認有價值的情報機率就提高了。

習慣運用這種方法閱讀後，甚至能讓自己記得某些話出現在某本書裡的驚人效果。因此，我要在此特別強調**要瀏覽很多次的重要性**。

利用這種方式，閱讀一百本以上的書也毫無問題。喜歡書的人，可能會認為非得從第一頁讀到最後一頁不可，但影像閱讀法以全頁作為圖像讀取的方式，將書先看過兩遍，即使是本無聊的書，透過這個程序也能讓你感到充滿成就感。

以尋找對自己有用情報的態度來面對一本書，乍看之下似乎是一種很自以為是的閱讀方法，但這麼做確實能將你所看到的東西變成知識，你只要親身一試便能明白。速讀法的方式琳瑯滿目，甚至還有教人如何運用眼球的轉動等。這裡，我介紹的是最簡易進行的一種，也是目前對我而言最重要的考具之一。

註1——《*The Photoreading Whole Mind System*》，保羅．席利（Paul R. Scheele）著，晨星出版。

考具 6

臨時記者

現場採訪，並能深入淺出地加以闡明。

如果你所面對的課題具有特殊性，有一項技能絕對不可或缺，那就是和該課題有關的專業知識。

專業知識不是在街上逛或到餐廳偷聽生活者講話就能獲得。好的企劃，往往是將業界及課題的特殊狀況，與一般性的情報巧妙結合所產生的，光靠某一方的資訊，並不足以解決問題。

然而，越是瞭解業界之事，就越像業界的人，最後往往當局者迷，反而身陷其中找不到出口。很多時候，對業界而言理所當然之事，從外頭來看卻深具衝擊性，因此儘管必須深入瞭解業界的專業知識，卻又不能受其影響，這就是對待專業知識的難處。

何況，專業知識並非一朝一夕就可獲得。看到厚厚的一本專業書籍，專有名詞像山一樣高，就讓人不知從何下手。而且往往時間就迫在眉睫，交企劃案的期限近在眼前，該怎麼辦？這時我們便需要一種簡便又能快速吸收專業知識的考具。

那就是**把自己變成臨時記者。為尋求解決問題的線索，到現場實地觀察、取材。**

首先，讓我們直奔「現場」。哪裡是你課題的現場？如果是要企劃促銷方案，那就到賣場；如果是要改善生產流程，那就是工廠。所謂百聞不如一見，如果你的課題是某種商品廣告創意，就實地去看那項商品。

自己實際感受後產生的記憶、知識，往往是激發好創意的催化劑。尤其是專業知識，親自去看、去聽、去接觸，自然而然就會產生心領神會的想法。

光是到現場走走，就能產生驚人的效果。就像懸疑劇，負責偵辦的刑警和律師到了現場就能嗅到真相的線索。你或許會想：這該不是當真的吧！但這麼做自有其道理。無論如何，請你到現場走走，發揮你敏銳的感受力吧！

到現場的下一個動作則是「就地取材採訪」。如果有可以諮詢的人，請把握機會，徹底採訪所有能夠解答問題的人。通常，只要以顧客的角度發問，就能輕鬆挖到寶貴的資料。

所謂取材，就是發問。因此要盡可能**「不厭其煩」**、**「追根究柢」**地問下去。想像一下記者會時，那些鍥而不捨、窮追猛打的記者們，雖然我們的功力不及他們，但也請務必不斷地追問下去。而且記得要邊讚美邊詢問，因為讚美有激勵作用，會讓受訪者更樂意回答。

要把事情視為切身的課題，「解決課題是我的責任」抱持這樣的觀念去採訪，就會越問越帶勁，這是採訪的訣竅之一。如果不好意思問，怕自己問的問題太幼稚、太外行而羞於啟齒，就算事後後悔也來不及了。

總而言之，請務必努力仿效記者的專業精神。新聞記者永遠抱持「新聞＝NEW＋S」的觀念，不停追問，而且專問一些自己不懂的東西。因為不懂，所以問得仔細，然後再將採訪得來的資訊和影像整理成易讀易懂的文章，輔以圖表、照片說明，也不容許文章充斥各種艱深難懂的專門術語，一定要寫到連國中生都看得懂的程度，這才是我們要追求的精神。

廣告公司也近乎如此。我們的工作就是將艱深難懂的專門用語重新編輯改寫，傳遞給毫無所知的生活者，並希冀引起他們的興趣。

要做好這件事唯有「實地採訪」。當我們去拜訪一家企業，我們從未用過他們的商品，而客戶告訴我們這產品具有類似「○○式 Next funking 機能」等我們完全聽不懂的專有名詞時，請不要礙於面子而假裝聽得懂，要老實地、不恥下問地、追根究柢地問到自己真正了解為止。

在說明採訪內容時，**「舉例」**和**「比喻」**就得派上用場了。當我們閱讀報紙時，會發現裡面有許多舉例說明，不僅常見於運動版面上，政治版上的插畫也是一種比喻。這是為了讓讀者對沒有親眼看見的事情，也能在腦海裡形成真實景象，所創造出來的一種「虛擬實境」。

採訪的內容，如果以身邊發生的類似事件作比喻，也會有助於說明。例如個人的嗜好、習慣、國中時做過的事……，用生活上的經驗來理解新事物，是最容易進入狀況的方法。

另一項採訪的技巧則是**「分析」**。整合過後的文章或報告能讓人一看就懂；相對地，也容易流於表面化，不夠深入。如果能將其細細分析，將會得到更多可運用的要素。

擔任企管顧問的人士都很善於分析事物，從中找出問題的癥結所在。而前面所強調的「選擇」與「集中」，同樣需要分析才能有所選擇。證券分析師需要鉅細靡遺的數據，才能洞察先機，做出好的判斷。

醫生同樣也需具有分析的能力，才能從病人模糊籠統的描述中，瞭解疾病的成因是胃不好，還是腎不佳。

每位客戶看到估價單時，一定會問報價的細目，也是基於相同的道理。

採訪，並仔細傾聽他人說話，有許多功用。

首先，它能幫助我們在將點子變成企劃時，思考的素材更多樣化，並且能幫助我們辨別創意的可行性。

其次，能減少輕率的舉動。例如我們企劃一個提高員工共識的企業內部公關活動時，員工的工作負荷量是一個重要的關鍵。而我們必須對現場有所認知，才能決定其負荷的標準。擁有現場的知識，才能落實成好企劃。

瞭解現場作業，讓企劃更具說服力。

我們在做企劃時，一定要時時想著執行時的現場，以及實際負責執行的相關人員，才不致使企劃流於空論，也才能使企劃產生腳踏實地的力量。

提案時自能產生非凡的魄力，這是因為我們所講的話說服力強，使對方難以反駁之故。一旦我們在提案時使用各種例子，將企劃推動後的情況具體陳述，讓聽者產生想像空間，彷彿真的見到實行時的現場樣貌，事情的推展就簡單多了。

成功的提案術就是透過清晰的闡述，讓無法眼見的世界具體呈現、引起共鳴，令雙方擁有相同的藍圖。如何做到？「舉例」和「比喻」正是共通的語言。

最近企業界有個趨勢，許多公司的管理階層人士又回到工作現場，實地瞭解與收集公司員工的意見，由此可見「採訪」的重要性。

再怎麼忙，也要到現場去！去採訪！去收集資料！

第 3 章

展開、展開、展開！

——延伸創意的考具

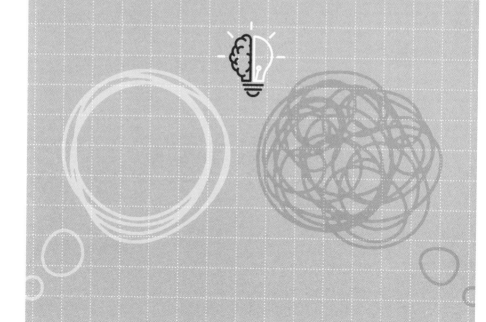

在前兩章介紹的收集資訊的考具中，不知你是否有找到合適的方法？從第三章起，終於要進入發想點子的部分了。

本書既然是爲了幫助發想創意、創造點子而寫，自然有許多篇幅著重於如何產生點子。不過，一如前面提到「**點子就是既有要素和材料的新組合**」，因此我們將創造點子的過程分成兩個階段：

①收集既有要素和材料；

②組合成新點子。

將此更進一步分解，即是要進行以下四個動作：

①—1平時養成收集素材和情報的習慣。

①—2吸收目前課題所需的特殊知識與必要資訊。

②—1將腦海中可用的素材提出。

②—2將提出的素材組合成新點子。

值得注意的是①—1「**平時養成收集素材和情報的習慣**」與②—1「**將腦海中可用的素材提出**」兩部分。

如果我們平時沒有一點一滴地累積知識，等到需要用到的關鍵時刻，就會陷入無素材可以組合運用的困境。畢竟你無法在腦袋一片空白，沒有什麼素材可刺激、運用的情況下，突然靈感大發，想出好的創意。

我認爲目前市面上有關「創意」的書多半沒有提及此點。第二章中所介紹的考具，就是爲了讓我們能獲得①—1與②—1的工具。

其實，即使不使用我所介紹的考具，或許諸君也有許多其他的考具可以幫助你獲得發想點子的素材，畢竟我們在這世界上生活了二、三十年，擁有各式各樣的記憶，一定有某些素材能觸動你的心，產生有趣的點子。

然而我認爲，光是這樣還不夠。我們還是需要最新情報，以「自我的觀點」去收集素材，並藉此激發創意靈感。素材就像壽司料理店採辦的食材，是決定勝負的關鍵，如果怠慢疏忽，緊急的時候只能徒呼負負。

辦大型活動時，有條金科玉律是說「**八分規劃、二分現場**」，意指活動成功與否，八分靠事前的規劃，而現場的執行只占二分。如果八分的事沒有做好，執行時再怎麼努力補救也是有限。因此，平時就要儲備素材非常重要。

當然，如何將儲備的素材提出運用也是關鍵之一。即使已養成使用色彩浴的習慣，即使發現新素材時的印象多麼強烈，然而人們並非隨時隨地都記得這些資訊，忘記是很自然的事，仍然需要依賴事後的回想與提取運用。

因此，我們需要考具來幫我們將儲存在腦中的素材提出運用。

當思考遇到瓶頸、想不出東西的時候，如果有個機制能夠半強迫地給頭腦一些壓力，將埋藏起來的記憶喚醒，然後在心中形成資訊清單，幫助我們一步步找出素材，如果能這樣就輕鬆多了。

只要發想點子的過程變得輕鬆，你就會突然間文思泉湧，好點子源源不絕而來，甚至無須使用任何考具來輔助你。

此時，「順其自然」是最佳方法。如果又要硬套上考具，反而限制了頭腦的運作。因此，**考具只是在初期欲打開困境之門時的輔助工具**。多使用幾次，頭腦便可自動運轉，不應爲了使用考具而作繭自縛。

到了那個時候，你會驚訝地發現，原來自己的腦袋裡蘊藏了這麼多的創意，而考具只不過是用來幫助自己提取出靈感的工具罷了！

至此，你也會發現，你已經是個十足的創意人，能發揮你驚人的可能性。

考具7

點子素描（手寫版）

既是草稿，就不是給別人看的，也不要怕浪費紙。

當各種點子素材在腦中發酵時，速度和彈性最重要。因此，我建議初期先不要使用電腦，就像手寫的便條，或像畫圖的草稿，在紙上將各種粗略的點子大大地寫下來。

準備一張紙，但不是釘成冊的筆記本，或是有橫線條的紙，因為**這時寫在紙上的是點子而非文章**。因此也無須從左上角開始寫，甚至不要從左上方開始寫。

接著是文具。不管是原子筆或鉛筆，只要流暢好寫、不會阻礙思考的，都是好道具。

在考具三裡曾提及，做備忘錄時最好使用多種顏色的筆。以我為例，我主要使用的是鋼筆，再搭配油性簽字筆、水性簽字筆、〇·七筆芯的自動鉛筆等，視當時的心情而定。有些人還會選擇不同粗細的筆。總之，準備道具全憑各人喜好。

接下來將點子寫在紙上，進行點子素描（idea sketch）。**如何開始？悉聽尊便**。不用徵詢他人意見，請先將自我完全解放。

所謂萬事起頭難，寫文章初期總不好下筆，所以我們**先從形狀或場景的想像開始**。現場會是什麼感覺？參加者的狀態、商品的包裝……，一旦你能在腦中描繪出某種圖像，就比較容易激發各種點子。如果連自己都無法想像點子的實際模樣，那要將點子具體呈現就有困難了。

下面舉個例子，如果課題是提出與景氣變好有關的創意，那麼我會這麼做：

首先，「景氣變好」這樣的主題太過抽象，於是我便想像，列出各種景氣佳的具體例子。

例如：「景氣變好就是──很開心地打開薪資明細單的我」等。

再從這裡延伸出各種想法。

「薪水領現金，會更開心嗎？」↓是，再往下走。「薪水付現，禁用銀行轉帳」↓完成第一案。

「今天開始春鬪（註1）。如果勞資雙方談判的方法更有趣，該有多好。」↓是，於是第二案出現，「勞資雙方的談判規定在外面的餐廳舉行」。至於這案子與景氣變好有無關係，則是下一步的問題，現階段不用處理，也不要到此停頓下來。

「在外面？像長野縣縣長田中康夫坐在車上？」↓是，第三案便是「車上勞資談判」。此時的聯想已越飛越遠，還是一樣不要管它，想到的全寫下來。

「想到完全不相干的事：不過今年過年去了兩間廟拜拜，而不論在哪間廟裡大家都在祈求景氣復甦。那麼，如果大家一起來拜拜會如何？」↓是，第四案「舉辦全國神社寺廟一起祈求景氣復甦大會。包括伊勢神宮！」雖然伊勢神宮（註2）根本不可能……，但還是將它寫下。

一起？就像滿天飛舞的櫻花（此時正在看電視）……，啊，松井（註3）進入美國洋基球隊（我邊想點子，邊在看電視），對了！為何不比照棒球比賽一樣有個賽程，從北到南一天一個寺廟地舉行下來？↓和第四案很像，但無妨。「景氣復甦祈福大會／全國巡迴舉行」就是我的第五案。

以上是我的示範。總之，不論點子好壞，精采也好，舊聞也罷，都要將它寫下。

在點子一個接一個浮現的短時間內，為了明天的提案，我們要拚命地回想、提取、運用過去以色彩浴、七色鸚哥等方法所收集到的素材。

「點子不過是既有要素和材料的新組合」，因此盡情地組合吧！加、減、乘、除，好好運用，而且不限定只用兩種素材，還是只取一部分或全部使用，只要認為這個素材能夠和這次主題結合，都可以自由運用看看。

發想點子的寫法也有很多種，次頁即是其中一例。

將點子標題大大地寫成一行。

單字、片語或是插畫。

最好不要寫超過三行。

自己看得懂就好，怎麼寫都沒關係。

這樣的方法沒有做過？這樣好嗎？這樣才好。有賴這樣的工作模式，我才能順利推展各項計畫，這可是我們未公開的幕後作業呢！

雖然這是個人的偏見，但我認為大部分的人對「寫東西」一事懷著崇高的心態，覺得非正襟危坐不可，不允許隨便馬虎，字也要寫得工整漂亮。在我進入廣告公司工作之前，我也有這種先入為主的觀念，雙親、學校也總是告誡我們要節約用紙，不可浪費。

點子素描（手寫版）

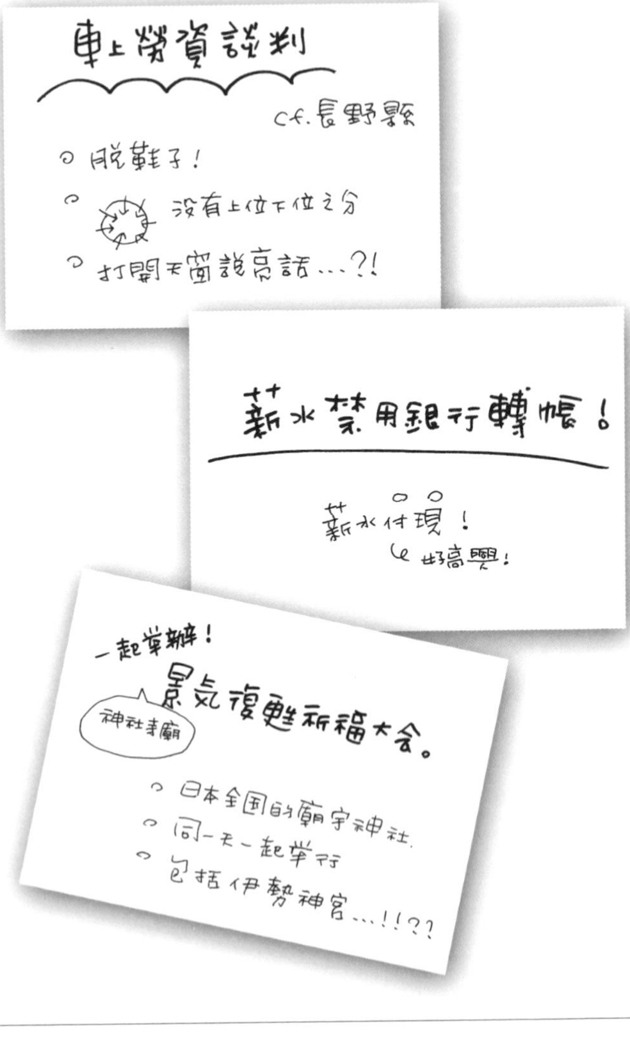
車上勞資談判
cf.長野縣
脫鞋子！
沒有上位下位之分
打開天窗說亮話…?!
薪水禁用銀行轉帳！
薪水付現！
好高興！
一起舉辦！
景氣復甦祈福大會。
神社寺廟
日本全國的廟宇神社
同一天一起舉行
包括伊勢神宮…!!??

然而在發想點子時，這樣的習慣卻是一種限制，阻礙了我們思考，因此我們務必先改變這樣的觀念。如果顧及環保，可以使用再生紙或影印紙的背面，我就是這麼做的。現在開始，就將你的點子素描寫下來看看吧！

另外，**請注意！好點子不是一開始就有的**。剛開始時，你可能會認為自己很笨、很差勁，盡想些無趣、上不了檯面的爛點子。然而逐漸地，你會發覺自己越寫越順，而此時**請務必繼續寫，不要停下來**。

基本上，**一張紙寫一個想法**。總共要寫幾張視狀況而定，不過一般最少寫十張，最好能寫到三十張。如果每張紙寫一行，就有三十行字了，你會發覺其實這並不困難。

大部分的人或許認為無法做到這種程度，但是別忘了「量變產生質變」，因此一定要寫這麼多才夠用。廣告文案人員經常一寫就是一百個案子，我們可不要輸給他們。

當你越寫越順時，也會忍不住驚呼：「居然可以這樣想！」而越想就越精采。腦袋就是這麼回事，你越是刺激它，它就越會轉。而且，此時注重的是速度，細節後面再寫，只要迅速將想法記錄下來即可。

慢慢地，一些過去未曾出現的想法會一個個冒出來。當然有些想法會不會規模太大了？有些想法也許競爭對手早就做過了？但請先不要過濾各種想法，這時是嚴禁打壓、否定的。

因為**有時只要稍微修改一下，有些點子就能成為很精采的創意**，所以請大大方方地將各種想法記錄下來。寫廣告文案的大標題時也是如此，有時只是語助詞不同，就成了全新的創意，因此千萬不要任意刪除各種點子。

再次強調！有些點子看似相似，我們就自作主張將它放棄，卻可能因此而將相似的偉大點子搓揉、丟棄了，這樣實在可惜。

延伸創意時，重要的是要不斷「擴大、擴大、再擴大」，每個小小的差異點都須審慎對待，並嘗試延伸。就像兄弟一樣，無論長得再怎樣相像，仍是另一種風格、另一種觀點。

將這樣的感覺不斷擴大時，有沒有感到點子增加了呢？雖然有些想法尚未成熟，但是要想十個以上的點子，已非難事。這不是太棒了嗎？你也能輕易做到呢！

原來想點子就是這麼一回事呀！就像「葡萄藤」一樣，只要喚醒腦中的素材，你會發覺自己就像創意大師，而點子就像攀藤延伸的葡萄藤，不斷綿延而生！

當然，有時不免會遇到低潮。有些課題異常困難，怎麼也想不出點子來，不管在紙上怎麼寫，就是沒有好想法。這時，我們就需要搬救兵，請參考考具八～十三中所介紹的考具，強迫性地將腦中的靈感一一挖掘出來。這些方法也可以幫助無法立即在紙上作業的人。就像跳箱運動的跳板一樣，只要創造出能動腦的初始條件，點子就會源源不絕誕生。

註1——「春季鬪爭」的略稱。一九五五年以來，日本全國勞工組織於每年春天舉行的共同抗爭，旨在提高勞工工資，為日本獨特的勞工運動。

註2——位於三重縣伊勢市，皇室的寺廟，正式名稱為「神宮」。

註3——松井秀喜，日本著名棒球選手，二〇〇二年加入美國洋基隊。

考具8

便利貼

利用便利貼，讓記憶傾巢而出。

大家熟悉的便利貼也可以成為考具之一。

當我們坐在書桌前打算想點子時，首先請將腦海裡的資訊一一喚醒、提取出來。這時請將想到的事物寫在便利貼上。基本上，**一張便利貼寫一個想法**。此外，不要選擇細長型、做標示用的小便利貼，那並不恰當，最好是正方形、尺寸較大的，至於顏色則依個人喜好選擇。

有些人較有規劃，會自我規定「○○資訊用黃色，△△資訊用綠色」，在此我並不強調嚴謹性，只要符合個人習慣、**恰當即可**。因此，便利貼的尺寸與顏色可以是不統一、各種規格都有的。

有想法時，就寫在便利貼上。這些便利貼不需要在會議中秀出來，因此寫得字跡潦草、龍飛鳳舞也無所謂。而且不一定都得寫字，用插畫的方式也很好。

我們可以將便利貼的內容分成兩大類。一種是最初想到、直接與課題有關的點子；另一種是自己平常收集到的素材。至於這些想法將來會如何運用，我們暫且不管。**你只管將想到的點子寫下即可**。

還有，選一枝寫起來順手好用的筆，不要讓文具成為你的阻礙。

然後，將寫好的便利貼貼在桌上或牆壁上都可以。便利貼最好用的地方就在於它的實用性。要將點子寫在一般紙上當然也可以，但由於無法張貼，較不方便。於是，十張、二十張……，各種想法貼得滿桌滿牆。至於貼的位置並不限制，以我而言，通常都依直覺，想貼哪兒就貼哪兒。貼好後稍微遠眺一下，最好能在視線範圍內。

那麼，接下來該做什麼呢？接下來什麼都不做。我們到便利貼前，仔細詳端內容，突然一個想法跑出來：「為什麼不將這個點子加上那個點子？」如果有這樣的想法，請立刻寫在紙上，或是記在手邊的便利貼上均可。但**請記得，點子的材料與點子是兩回事**。

此外，我要提醒你：**發想點子並沒有所謂的正確思考流程**。點子經常無預警地突然闖入，寫在便條紙上就像站在飛機跑道上，能飛多遠就盡量飛吧！

思考時，不妨暫停一下，將想法具體寫下。如此反覆進行，點子便能一個接一個順勢產生。我也經常如此，因此有些點子寫到一半就不了了之，後來又成了另一張紙的另一個新點子，所以腦子裡儲備的素材從沒有一次全部掏空過。

有些做事嚴謹的人，規定自己必須將整張便條紙都填滿，才能進行下一個動作。在此，我要呼籲大家：**請中途停下來**。我們的目的是獲得點子，至於寫了字的便條紙隨時都可以丟棄。

由於我們所受的教育大都是線性思考的原故，使得我們容易謹守順序，然而所謂「思考」卻是相反的操作模式，它是不斷來回反覆運作。**如果一個企劃沒有經過反反覆覆地來回修正，就不夠有力**。讓自己陷入多重選擇的迷惑狀態是很重要的。通常我們感到某個想法沒有創造性，多是因為該想法是由少數選擇所導出的結論。

發想常不按牌理出牌，有時我們在整理資訊時，突然想到新點子，或是在煩惱A課題時，卻忽然想到從未想到過的B課題的解決方法。

因此，**請習慣頭腦的運作方式，並接受它**。

便利貼

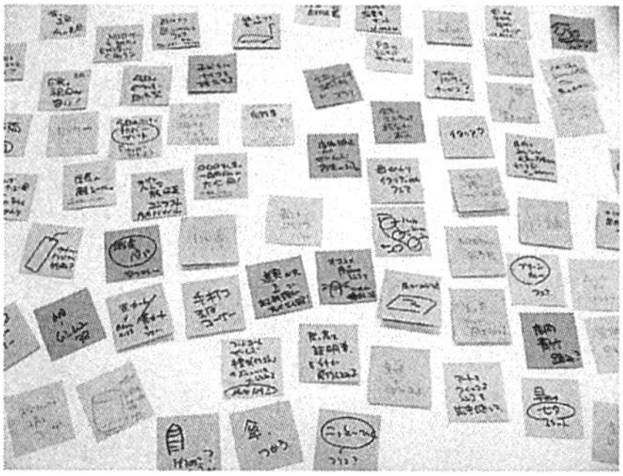

- 遵守一張紙一個想法的原則。
- 貼的時候，無須考慮位置，貼好後憑直覺再加以更動。
- 一有想法立刻寫下。

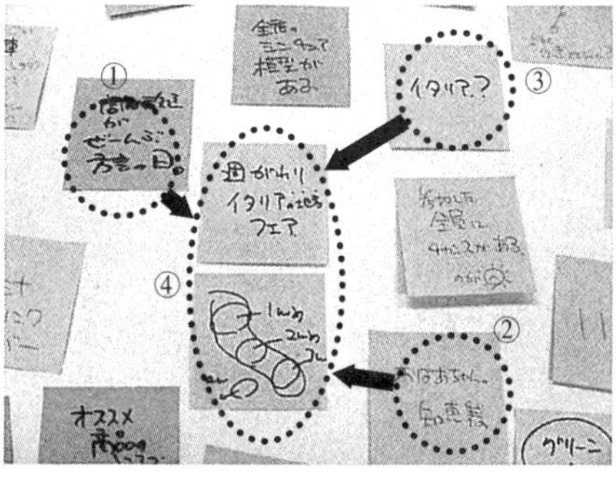

- 然後將沒有關係的紙條互相「結合」。
- 例如：①方言╳②歐巴桑╳③義大利＝④每周更換的義大利地方展。

暫時將時間切割，並將浮現在腦海裡的點子記錄下來，即使是一句話也要記下。接著，我們再回到前面的話題，一旦我們瞭解了頭腦的運作方式，就能做好充分的準備，加以記錄。

這本書既然以「書」的體裁進行，其內容就會以線性的方式呈現，然而在寫原稿的階段時，我卻是不按先後順序、非按部就班地書寫。因為實際在想點子、做企劃時，過程也並非照著順序依次進行。

在廣告公司上班，經常會面臨數個課題同時進行的情況，而且不同業種所面對的課題難度也截然不同。例如同時要撰寫A公司記者發表會的總經理致詞腳本、B公司辦大型活動所需的影片腳本，以及C產品上市時的促銷企劃……，許多課題必須同時應付。

其實不只是我們的工作，生活上也經常如此。例如這次的連續假期要去哪裡好呢？各種問題和課題同時存在時，無須為其安排順序。所有的問題都有期限，我們的心情是隨時變動的。我們並不知道在逛街時獲得的靈感適合哪一個課題，因此腦袋要像電腦一樣開了許多視窗。

總而言之，當我們將許多點子的材料寫在便利貼上時，如果有了新的想法，就順著新的想法想下去，不用拘泥於工作程序。

尤其是好點子的出現往往與數量有關；點子這東西就是這麼不可思議，一個想法刺激一個想法，欲罷不能，不必客氣，只管一路想下去。

這樣聽起來好像需要用到許多便利貼，一點也沒錯！想點子時不能小氣，有時還需要寬闊的桌子與牆壁，最好是有個超大會議室可以使用。如果沒有，也要盡量爭取到大的空間，以便用來擴增點子。

考具9

九宮格

從簡單的格式中孕育出絕妙的好點子。

點子出現時，經常是好幾個一起來，非一直線一個接著一個地產生，而是四面八方如放射狀地展開。這時有一種考具可以幫助我們的頭腦運作得更直接，那便是「九宮格法」。

「九宮格法」可以幫我們挖掘出儲存在腦中的素材，這也是我多年來愛用的方法之一。隨身記事本、電腦、PDA等各種工具中，我最常使用的是隨身記事本和麥金塔。

請見下頁插圖。一個大大的正方形切割成九塊。這個圖形稱為「九宮格」。在這個簡單的圖形裡，能讓我們的思緒天馬行空地任意流轉。

然後在中央寫上主題，並問自己問題。

空白的九宮格

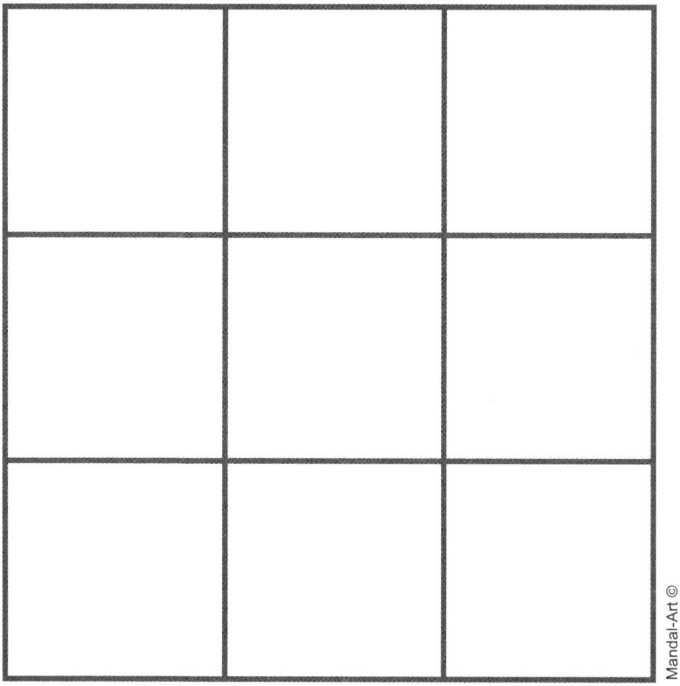

這就是九宮格，單純的圖形。

以眼前的馬克杯為例，試想一個馬克杯的新商品上市企劃案，該如何進行？

首先，請在九宮格正中央寫上「馬克杯」，然後自問自答地將各種有可能發展成新商品企劃案的素材，填在周圍的格子裡。

「把手」

「有很多彩色圈圈」

「杯口纖薄」

「可愛的插畫」……

九宮格的周邊共有八個方格，請將其全部填滿。由於現在才寫了四格，因此還須再寫四格。

「價格」

「耐用」

「好洗」——雖然有點怪。

「重量」——先放這個好了。

都填好了嗎？如果都填滿了，請記得「商品的概念＝以八個切入點登場」。那麼，這八個空格中，有哪一個切入點可能成為新商品概念的切入點呢？

試著把九宮格的周圍空格填滿

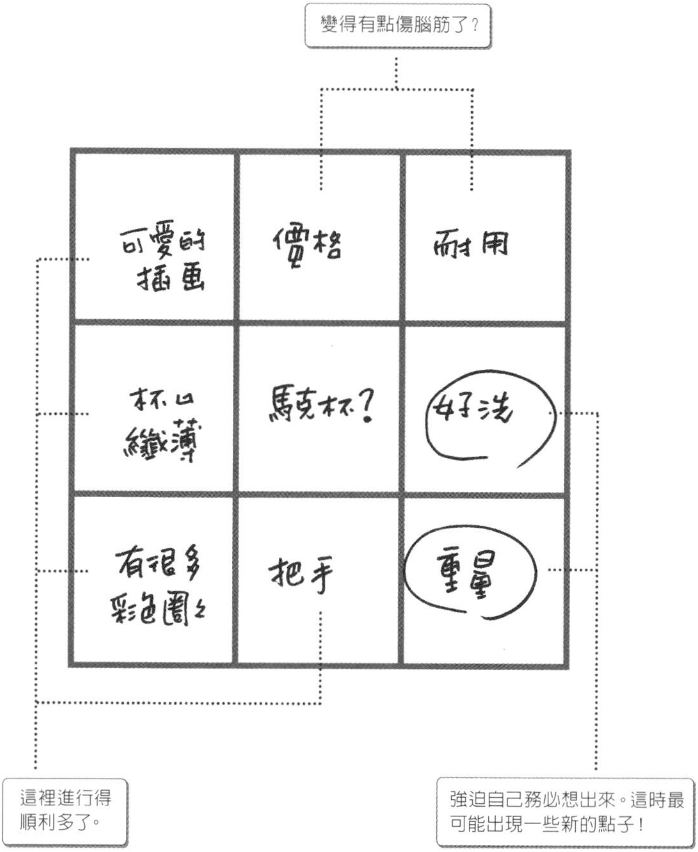

正中間寫上題目，其他八個空格寫上答案。試著填填看吧！

我們還可以繼續深入挖掘，從這八個素材中，選出一個加以擴展。

此時，在下一個九宮格正中央寫上「把手」。如果要把這個概念放在發展新商品上，有哪些要素是必要的？接著我們就在四周填上有助新商品發展的想法。

「可以放進兩根指頭」

「人體工學」

「小孩也好拿」

「日式設計」

「不滑手」……

如果事前有所「採訪」，就會找到更多、更好的要素。講到「把手」，之前曾在雜誌上看到關於專為殘障人士和銀髮族設計的報導，有關係嗎？

先把「專為殘障人士和銀髮族設計」寫上去再說。專為殘障人士和銀髮族設計，而且好拿好取，所以不論是用左手或右手拿均可？

「左右手拿都ＯＫ」。

這時我想起上次去咖啡館喝咖啡時，咖啡是用一個沒有把手、像個大碗似的杯子裝著。當時店員解釋道：「在法國是用沒有把手的杯子喝咖啡的。」真的假的？

繼續發展「把手」概念

所謂聯想，就是把你頭腦裡的資訊和想法逐步抽取、挖掘出來。

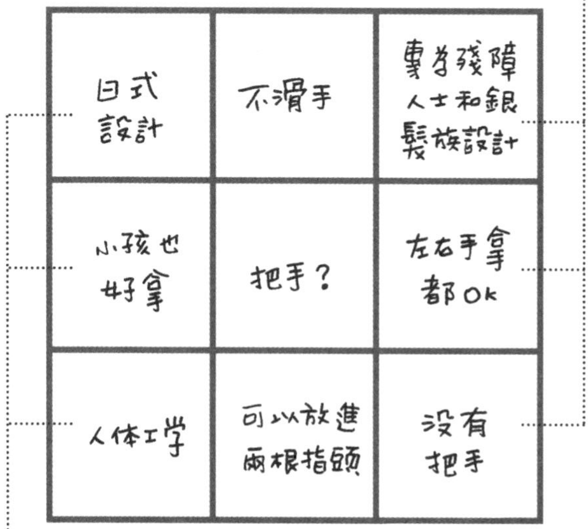

把相關典故的話（情報）寫在同一排的空格上，效果驚人。

這些素材究竟深藏在頭腦的哪個角落呢？它們都一一變成了點子！

到「沒有把手」為止，總共有八個。

因此，光從「把手」就可以延伸出八個可以幫助新商品概念發展的素材。當然我們還可以繼續進行「把手二」，不過我們也可以發展下一個要素——「彩色圈圈」。

八個切入點再延伸出八個九宮格，如此便有六十四個新商品企劃的素材產生。如果用數學簡單運算一下，你會發現如此衍生可以得出上億個排列組合的機會！一定能更有效率地想出許多新點子。

當然，真正在進行新商品企劃時，必須針對概念加以檢討、選擇，並評估其可行性，而九宮格是能輕鬆幫助我們設想多種選擇的一種考具。

在雜誌上看到專為殘障人士和銀髮族的設計，或是偶爾上咖啡館的經驗，也都能變成靈感的來源。如果沒有馬克杯這個課題，我可能一輩子也不會想起沒有把手的杯子這件事。

抽取日常生活中累積的記憶，重新排列組合，新點子常常就這樣誕生了。當然，如果我們有關於馬克杯更深入的知識，則能夠想到的情景和範圍就會更加遼闊。

此外，男性與女性的用語不同，關心的點和想要改善的點也會有所不同。男女兩個人一起想，說不定會冒出一大堆擋都擋不住的新點子呢！如果是自己一個人，也可以利用考具四所介紹的「七色鸚哥」來想想看，如果自己手指頭變小了，或是手指頭更粗壯時，會需要什麼樣的杯子？

必要的時候，就在紙上劃下八條線吧！

這種不可思議的九宮格法，是由今泉浩晃先生所開發出來的一種考具。

下面是一個「新車發表會」的使用案例。

某汽車商為新車上市，需要企劃一場「記者發表會」（招待媒體記者的公關活動）。既是記者發表會，首重新商品特色的清楚傳遞，因此發表會必須準備新聞稿以供記者報導使用。新聞稿的標題很重要，必須清楚傳達商品最重要的特色，而不能只是「〇〇新上市！」的告知而已。

此外，還需考慮到現場的攝影記者，必須提供許多場景，讓攝影記者有多按快門、多照幾張相片的衝動。

如果，這是一場迷你休旅車的發表會，而我們正在發想新聞稿，首先請在第一張九宮格的正中央寫下「標題」。這張紙只要自己懂就好，所以無須標明「新聞稿的標題」

這麼仔細。

接下來，我們來想想迷你休旅車的特色。

「八人座」

「寬敞的使用空間」

「雖然迷你，但馬力十足」

「省油」

「外型好看」

「〇〇〇（設計師的名字）」

「比同級車種便宜五、六萬」……

將各種要素羅列出來，可能一下子就超過八個了，不過我們將想到的先寫在空格旁邊，等一下再思考該怎麼做。

接下來我們繼續進行第二回合的發想。光是「寬敞的使用空間」這點，並不能清楚傳達有別於其他廠牌的優勢，媒體記者大概也不會報導。

在第二張九宮格的正中央，寫上「寬敞的使用空間？」然後開始填上周圍的八個空格。首先想到：「新車的哪裡寬敞呢？」於是在「寬敞的使用空間？」下方註明「哪

什麼會成為宣傳的重點？

省油	外型好看	○○○
雖然迷你但馬力十足	標題？	比同級車種便宜5、6萬
寬敞的使用空間	八人座	

還有什麼其他特色呢？

將有可能成為標語的話，都寫在九宮格裡。

裡？」然後邊讀汽車的資料，邊搜尋腦海裡的記憶，開始填空遊戲。

「行李箱」

「Trunk 下面的空間」

「後座的腳部空間」

「車門置物袋」

「折疊式後座椅」

「頭部空間」

「儀表板四周」

「駕駛座」？即使覺得有點怪，還是將它寫入九宮格內，此處嚴禁刪除任何想法。

總之，在此階段可以想出許多個切入點。

「更多的使用空間」——著重在將能容納許多物品的寬敞空間一一找出來。

「合計○○公升」——確保使用的容積，也是一種想法。

「連駕駛座也很寬廣」——從使用空間到駕駛座都很寬敞，將想法一點一滴地延伸擴散出去。有任何想法時別忘了都要記下來，之後再將其千錘百鍊，看看最終還剩下幾個想法？

開始延伸出第二張、第三張九宮格

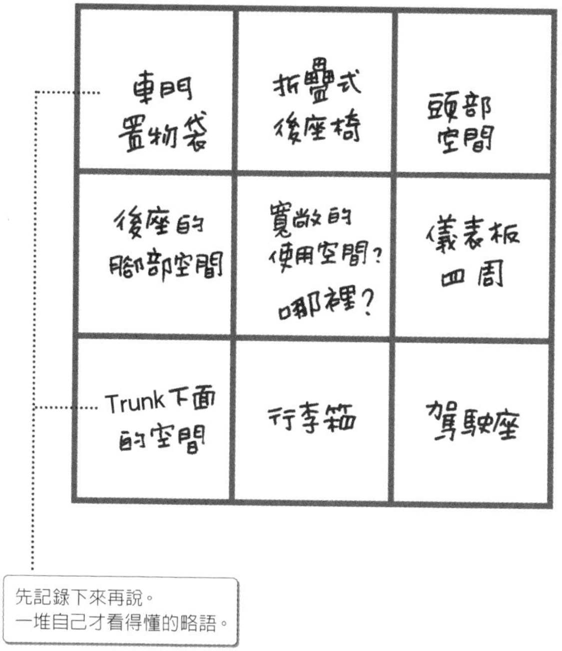

最重要的是要創造一股一發不可遏止的氣勢，
如果聯想到別的，就用第二張、第三張紙記錄下來。

如果我們以攝影師的角度來發想。

「什麼是好的相片？」將這點放在九宮格的正中央。

「正面」

「從左前方三十度拍攝」

「車門打開」

「關上」

「奔馳的汽車」

「和總經理一起……」

諸如此類，在腦海中架起照相機，不停地想像。

如果靈感來時，可以順著靈感另外再畫新的九宮格。例如從「和總經理一起」另起爐灶，展開新的發想。

和汽車一起出現的總經理，是什麼樣的姿勢？

「將手放在車子的引擎蓋上」

「站在一旁擺出『V』的手勢」

「坐在駕駛座出場」

腦海中浮現的影像也不要放過

關上	奔馳的汽車	和總經理一起
車門打開	好的照片？	
從左前方30度拍攝	正面	

這個點子又可以聯想出許多想法，因此便可以依此再展開另一個九宮格。不要顧慮上一個點子其他空格還有沒有完成！

在解析某個主題時，可能會有許多點子出現，
這種亂七八糟的混亂感反而令人興奮不已。

「坐在前座揮手」……想法不停湧現。

那麼，哪一個才是最好的呢？這要等想法多到某個程度後再來篩選。請記得：**發想點子與篩選點子，要分成兩個階段來執行**。

或許你會懷疑，真的會有這麼多點子和想法出現嗎？其實，形成點子的基本素材就堆放在一張桌子上，我們不需要將它們一個個拿出來討論，而是用眼光將桌上的東西一起掃射，各種靈感便會源源不絕地出現。便利貼的做法便是這種道理，將最初在腦海中浮現的各種想法和靈感具體記下，排列在我們眼前，如此各種點子便容易應運而生。簡言之，就是創造一個容易組合各種素材的環境。此外，九宮格放射狀的發想方式也會將我們腦中的運作如實地呈現出來，刺激我們發想出各種想法。

這就是不斷「將點子延伸、延伸、再延伸」的九宮格使用法。

透過這個案例，是否能讓你更相信「**只要抽取腦海中的資訊——即既有的要素和材料，就能輕鬆產生新的創意和點子**」呢？

至於新點子是否有趣、吸引人，就要看想法的組合是否巧妙。然而，如果沒有方法導出各式各樣的素材，想要組合出曼妙的好點子，也是困難重重。

想到哪裡就寫到哪裡！

想到了，就寫在格子裡。

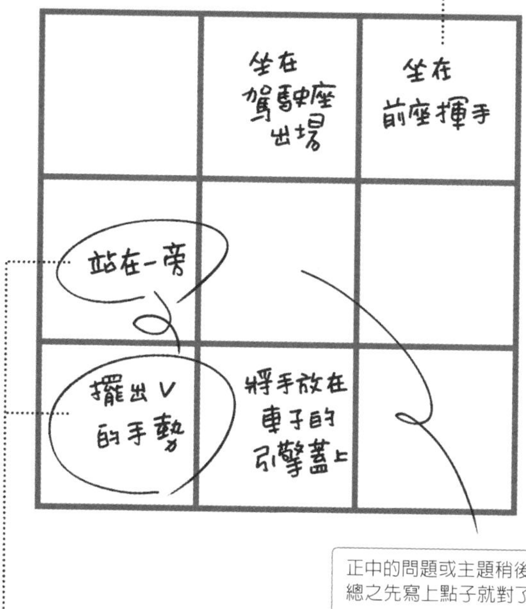

正中的問題或主題稍後再補，總之先寫上點子就對了！

即使這兩格寫的是差不多的想法，也要填上，這可以使思緒進展得更順利。

考具10

心智圖

將腦中的放射狀思緒如實表現出來。

接下來，我要介紹「心智圖」（mind map）——這是近幾年頗具知名度的考具。

請準備一張白紙，紙張越大越好，例如A3或B4這種規格，最小也要有A4大小。然後拿出你平時最愛用的筆，也歡迎使用各種色筆。

請在正中央寫下主題，然後從主題聯想到的事物、分析主題之後得到的重點、次主題等各種聯想到的文字，寫在主題的四周。無須顧慮寫的位置，只要在距離主題的適當之處寫下即可。將文字圈起來也可以，無論圈成雲朵狀、圓形或橢圓形都無所謂。

接下來，請用線將它們和主題連起來。再把副主題以相同方式進行分析，將相關的聯想寫在副主題的四周。

這樣的作業重複幾次後，就會出現像盛開花朵般的形狀，或是像蜘蛛網一樣的呈放射線狀，串連起各組文字、關鍵字（key word）。

就像九宮格的操作一樣，請在一張紙上進行。但與九宮格不同的是，這種方式不再侷限於八個方格裡，可以**毫無限制地任意發想**。對於討厭格式的人來說，心智圖是最適合的方法了。

心智圖的寫法就像細胞分裂一樣地擴散，有時右下方的文字和左上方的想法似乎也可以連結在一起。

這時候該怎麼辦？那就將兩者劃上一條對角線連接起來吧！雖然看似雜亂無章，放射狀般的要點也是亂成一團，但請不用擔心。

前面考具五所介紹的「影像閱讀法」中，曾建議將讀過的書用心智圖來整理。其實心智圖是整理事物的有效方法，雖然看起來不美觀，卻是深具結構性的整理方式。

透過寫在紙上的過程，能對自己的思緒**有了真正的理解**。什麼是讓別人瞭解某件事情的最佳方法呢？我認為心智圖正是能達到此目的的草稿和備忘錄。坊間有一些標榜「圖解思考法」的書，其實就是心智圖的運用。

心智圖不只是彙整資訊的方法，也是發展點子的重要考具。

強調已經存在心中的想法。

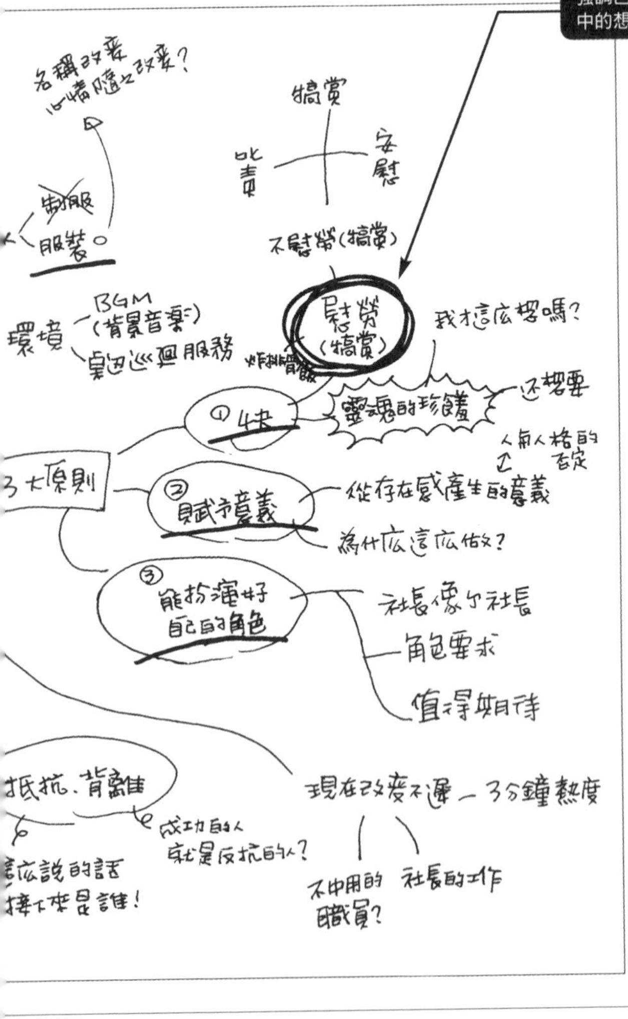

● 雖然看起來不太美觀，但充分記錄、整理了自己的思考脈絡。

心智圖

沒有特定形式，任憑自己的思考延伸。

書寫當下突如其來的靈感也要記下來。

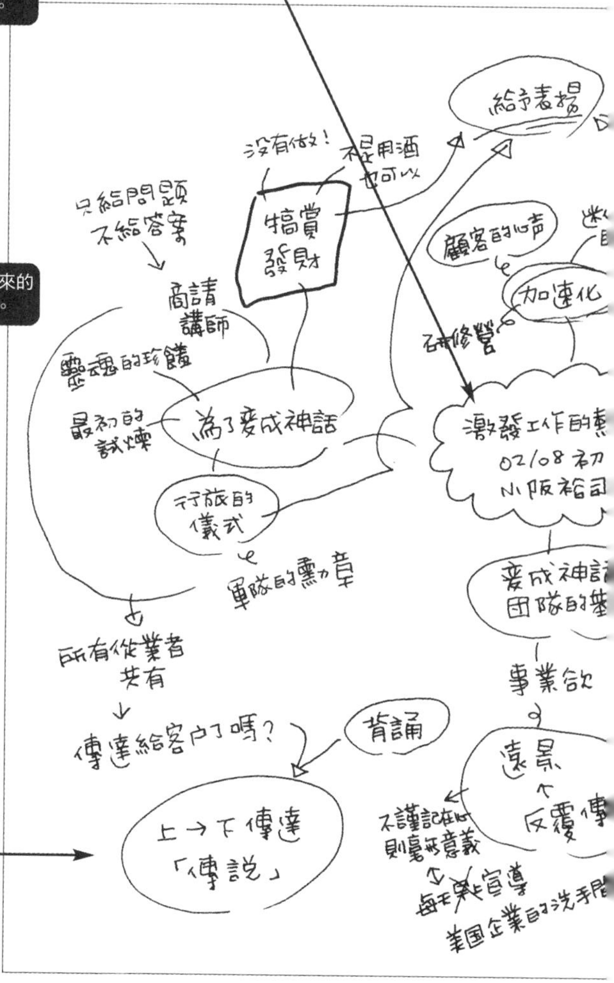

例如，將讀過的書運用心智圖法以自己的語言重新整理時，一定就會出現「如果這樣會如何？」的想法，新點子就於焉出現了。此時就將新點子寫在心智圖裡，再寫下各種聯想。**在整理思緒的同時，也是腦力激盪的時機**。請參照上頁的心智圖，這張紙原本是要整理書中的內容，最後卻成了點子的備忘錄。

心智圖最令人激賞的地方，在於它可以讓各種點子、靈感集中在一張紙上呈現。就像貼滿便利貼的桌子的縮小版一樣，放眼望去，盡是各種靈感的來源。

這是一種向四面八方不斷擴散，有形的、不規則狀的、直線的、非直線的、放射狀的，不在乎從哪裡開始，也不管它要往哪裡延伸，沒有任何限制，只是忠實地讓腦袋完全解放的考具。

看看自己所記下的心智圖，你就能清楚地瞭解自己的思考脈絡，這也是這種考具的趣味所在。

考具11

點子素描（電腦版）

塗鴉的感覺，最自然的動腦法。

我常用的電腦軟體為 Power Point、Text Editor、Mandala-Art（麥金塔）這三種。由於尚未到定稿階段，所以都是想到哪就打（繪圖）到哪，要領和手寫的一樣。

使用電腦不比在紙上書寫自由，會受到一些限制。圖畫也無法隨手就畫出來，文字的大小、粗細變換也要透過設定，因此我個人比較喜歡用手寫，不過最近因為電子郵件越來越方便，有時不是一個人在發想，而是集合眾人之腦力，因此使用電腦做創意發想的情形也就增多了，我便利用電腦來作為點子素描的考具，進而發想點子。

使用電腦就要充分發揮數位化的好處，以下即是我運用 Power Point 及 Text Editor 作為考具的例子。

先說Power Point。如果你只使用Word也無妨，方法都一樣。我自己將它稱之為「**標題＋三個點子**」。首先選擇文件格式，並用橫式書寫。

如果你覺得要寫的內容或文章以直式書寫比較合適，請等到要寫成企劃書時再改用直式書寫，在做備忘錄或發想階段時，還是用橫式比較恰當。

我們打開新的空白文件，在中間上方以居中的格式打上大大的一行字，這便是標題。然後在標題的下方打上三到四行以●或◎開頭的文字，這是標題的解說、點子的概要說明。

當然，如果能只看標題就一清二楚，那是最理想的狀況了，不過新的想法往往是大家都沒見過的，所以需要數行文字說明。但請不要說得太長、太囉唆，就和手寫的情況一樣，基本上，一頁就是一個想法。

如此寫下第一頁（請參考左頁）。

如果是在微軟的視窗，請使用「control＋D」；如果是麥金塔，則使用「apple mark＋D」。重複上述動作五次，就能複製出五組上述的格式，以利接下來的書寫。

接下來，我們以同樣的格式寫下第二個想法，標題大大的一行，下面有三到四行的

點子素描（Power Point 版）

6 月分促銷企劃備忘錄

店內「井邊會議」沙龍！

大大地寫下一行

概要

- 在店內創造一個場所，讓媽媽們很容易聚在一起，就像過去婦女在井邊聊天一樣。
- 「井邊」= 設有沙發等簡單的休憩空間。
- 網路上也要。「咦……你是從哪裡知道的？」「我用網路找到的……」創造一個有問題可以立刻解決的場所，也是「販促」的重點之一。
- 有時店長也必須參加，直接聽取客戶的心聲。

請在 3 行文字內說明

6 月分促銷企劃備忘錄

托兒樂透彩

概要

- 發行母親專用的「托兒樂透彩」。
- 第一特獎為店內專用的購物券十五萬元。
  →育兒基金。
- 還有各種店長獎、分店獎、特別獎等，使它充滿樂趣。
  ※ 也可以有安慰獎，基本上通通有獎。

6 月分促銷企劃備忘錄

夢幻新商品企劃大賽

概要

- 以兒童為對象的「夢幻新商品企劃大賽」。
- 商品種類以本店銷售的任何商品均可。
  →從太空旅行到泡麵均可。
- 並不只是單純的發明，是確實具暢銷實力的新商品企劃。
  →因為具真實感，所以更有趣。
- 另一個暑假作業！→ 讓親子到店裡來做研究作業。

說明。腦中浮現的各種點子，便用這種方法整理出來。

如果一下子就寫完五頁，就請繼續往下寫，十頁、十五頁……，不斷追加下去。

有些輔助工具可以放在鍵盤的旁邊，像是便利貼或備忘紙。面對一幅空白的電腦畫面，只憑腦子裡的記憶，有時還真難想出什麼東西，所以我們需要一些輔助道具。

在複製的畫面上重新書寫，也是這個考具的祕訣之一。

發想時，不管是利用「葡萄藤攀延」的方式，一個接著一個聯想，或是天馬行空地將毫無關係的事物串聯起來都無所謂，重點是要讓頭腦接受刺激，並且動起來，不同的只是使用電腦作業而已。

要堅持「能用的全都用上」的精神，所有既有的點子或想法，只要稍稍改動就可能創造出全新的創意。

後面還會介紹的「腦力激盪法」（考具十四），或是與他人開會時，便可以將點子素描列印出來，帶到會議中共同討論。這時也請堅守「**一張紙一個想法**」的原則。此外，我也不贊成一頁紙上有兩個畫面或三個畫面的做法。

列印出來後，可以自己想像一下別人看到的感想，是不是一頁一個想法的方式比較容易讓人家有感覺？標題大大的，是不是感覺比較像個好點子？

確實是有這種傾向。如果是熟稔腦力激盪的人，就不會被文字的大小迷惑，而能直接判斷內容的好壞，然而如果不是這樣的人，很容易匆匆一眼看過便結束了，因此必須有方法讓他人瞭解並注意我們的想法。

我們在做腦力激盪或正式提案時，一定要相信自己想的點子都是最棒的，因此要將最好的一面呈現出來，自信十足地推薦，並且深信可以為對方帶來倍數以上的利益！

標題寫得大大的，不要讓人第一眼就覺得普通、無所謂。人有一種先入為主的自然反應——「大＝重要，小＝不重要」，千萬不要輸在這種小地方上。

因此我們要將標題的字級盡量放大，將自己當成一個美術設計者，也不要捨不得浪費紙，就是要讓文字又大又清晰，看得清清楚楚。

或許有些人執意認為「只要內容紮實，對方一定能識貨」，這真是大錯特錯。第一印象可不只是談戀愛時專用的。

在日本，我們常聽人家說「享受智慧和創意不用付費」，雖然這是一句俚語，不幸卻是事實，這也是日本的文化。我曾經有機會看過外商公司的企劃案，即使是十頁的案子，也將其裝訂成冊，做得非常豪華。

雖然你會覺得這樣做企劃書太慎重其事了，但這不也是令人印象深刻的一種方法？當然企劃書最重要的還是內容，不過外表也有加分作用，在第一眼就令對方覺得我們做事認真，就不會抱著輕忽的態度面對我們的提案。這一點，身為創意人應該奉為準則，就從今天開始身體力行吧！

言歸正傳。

接下來是以 Text Editor 等文字處理器作為考具的使用法。

Text Editor 可以讓文字無限延伸地一直寫下去，是一種簡易的文字處理軟體。這樣的工具似乎與我之前不斷提到的「一個想法一張紙」原則有所抵觸。

其實，**使用 Text Editor 是要給自己某種強制力**，在 Text Editor 環境裡也要不斷地分行書寫，並且規定自己至少要寫多少行、多少個點子，這就是我所謂的「強制力」。

打開 Text Editor，並空幾行後，首先寫下標題，再空數行後，以「●」為起首，每一行寫一個想法，有新點子就換行寫。要寫多少行點子都沒關係，但是不能寫文章，如果覺得寫一行字無法說明清楚，那麼就換行補充說明，但也只能寫一到兩行。

決定寫二十個點子（二十行）後，我們就可以隨時檢查自己還缺幾個想法。

使用 Text Editor 的好處是所有的想法都在上面，立刻就能看到先前的想法，用以作為刺激新點子的觸媒。

如果有個迥然不同的點子出現，請空十行後將它寫下，而不要將其他的刪除。即使想法不斷擴張，也都將點子們留著。

更進一步的做法是，將 Text Editor 的文字印出來，或是以電子郵件直接轉寄給他人。一旦要給別人看時，最好將其最具威力的一面呈現出來。此時，將 Text Editor 當作轉換成 Power Point 時的基本文件，再處理成「一張紙一個點子」的模式更加理想。

那麼，為什麼我在使用 Text Editor 時要先空白數行才開始作業呢？

這可能與個人的喜好有關，因為我想要**擺脫「從左上方開始」的作業模式**。

為了尋找好的創意和企劃，我曾說要讓頭腦用非線性的放射性方式運作，手寫的點子素描，或是在 Power Point 文件上方中間，大大地寫上一行字，都能避免步入線性思考的陷阱，因此我也希望 Text Editor 有相同的運用。雖然在書寫時免不了是直線排列，但至少在某些作業上有所差異（例如起首的第一行、每個點子換行寫等），而不是全然接受。

點子素描（Text Editor 版）

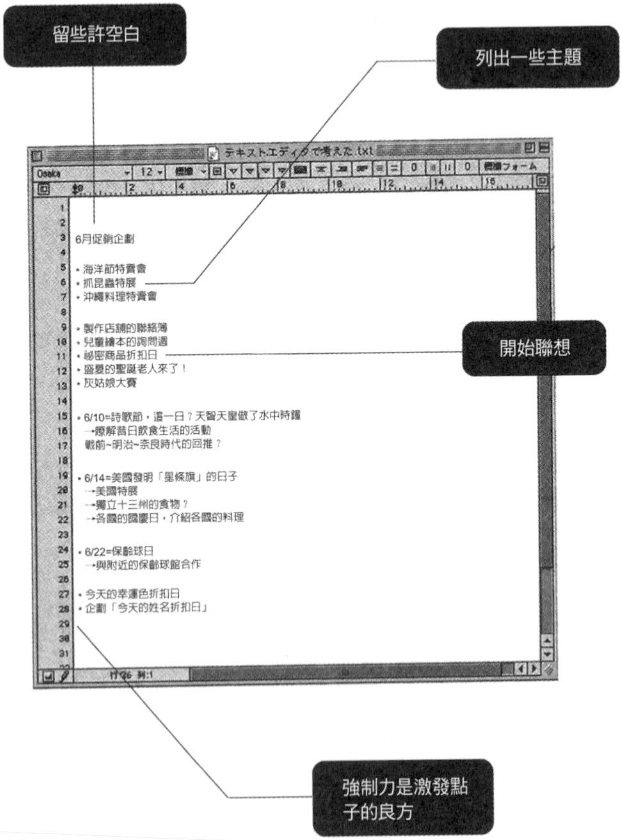

另外，特意在上下左右的任何地方留出空白的位置。覺得不好的點子不要立即刪除，就留在下面空白的位置上，這些都是基於相同的考量。如果有新點子就改行加在下方，即便頁數不斷增加也沒有關係。

擴張↓整合，別忘了使用這個基本原則。

或許你會認為，這不過是換個方式使用電腦而已？

打字的速度如果沒有經過一定程度的練習，速度不會像手寫的那樣快。而且電腦只是單純的輸入工具，輸入各種素材，並不會自動變成點子輸出，一切的運作還是要靠大腦，只是一味追求最新機種是沒有用的。

考具12

聯想遊戲

新點子像葡萄藤般四處延伸。

每個考具的切入點各自不同，但幫助腦袋靈活思考的效果卻是一樣的。這一次我們就向電視節目取經，尋找新考具。

以前日本的NHK電視台有個節目叫做《聯想遊戲》，男女來賓分成兩組，從隊長那裡得到提示後，便要找出正確答案作答。

電視機前的觀眾和對手都知道正確答案，但隊長只能給予和答案相關的暗示，隊友反覆推敲後再解答，因此提示得好不好，全看隊長的功力。小時候我的父母曾說看這節目可以幫助思考，所以我從小就很愛看。

第十二個考具就是要讓這個節目復活！你可以寫下備忘錄，如果嫌麻煩就用口頭方式，「說到〇〇〇就想到××，說到××……」，一個人也可以玩，而且要以快到讓自己頭昏眼花的速度作語言的聯想。

我們思考時，通常只會想到已知的事情，對於不知道的事便想不出來。

然而事實上，有許多事情我們雖然知道，卻想不起來。聯想遊戲就是幫助我們喚醒記憶，輕擊兩下，將深藏頭腦中最底層的記憶召喚出來。簡言之，**聯想遊戲就是要導引出藏在腦海深處的詞彙**。只要我們能引出這些詞彙，記憶就會隨之復甦，也就會與你目前面對的課題或難題產生撞擊。

相互撞擊之後，新點子於是誕生。

有了新想法請立刻做筆記寫下來，因為很容易又會忘記。

此外，聯想遊戲沒有強硬規定的準則。如果中途有了新點子，就立刻結束聯想遊戲。因為這種考具主要是為了促進我們思考，是一種幫助發想的工具，無須顧及執行的完整性。

而且我們也不是文案人員，不需要傷腦筋斟酌文字，我們要的是尋找靈感，藉由詞彙，一個接著一個地聯想下去，確實捕捉我們的記憶才是重點。

我們來試做一個例子。

假設你是一家人才仲介公司的女性職員，正負責招募新員工的企劃，打算針對學生製作一份公司簡介。

首先，我們從現有的詞彙開始聯想。

「新進員工↓今年的黃金假期大概不能休假了吧↓以後還有幾次機會賞櫻↓很想去賞花……」（到這裡為止，花不到兩秒鐘思考），除了這條主線外，我們開始向外延伸思考，「回想起來，去年是到堀端去賞櫻的……在前往賞櫻的途中，某家商店的櫥窗裡，看到一隻好可愛的手錶，而且好想要……」，即便是這類風馬牛不相干的聯想也不要停止。

思緒忽左忽右，可是你並不知道靈感會打哪裡來。看起來好像一點也不相關，可是突然又會和重要的工作聯想在一起。

「《業務和會計的一天》——去年曾推出這樣的書。」

「從去年賞花途中看見心儀手錶」，聯想到新點子。

「總經理的一天？好像很閒的樣子。」有了這樣的想法後，便開始著手寫下相關的想法。

聯想遊戲

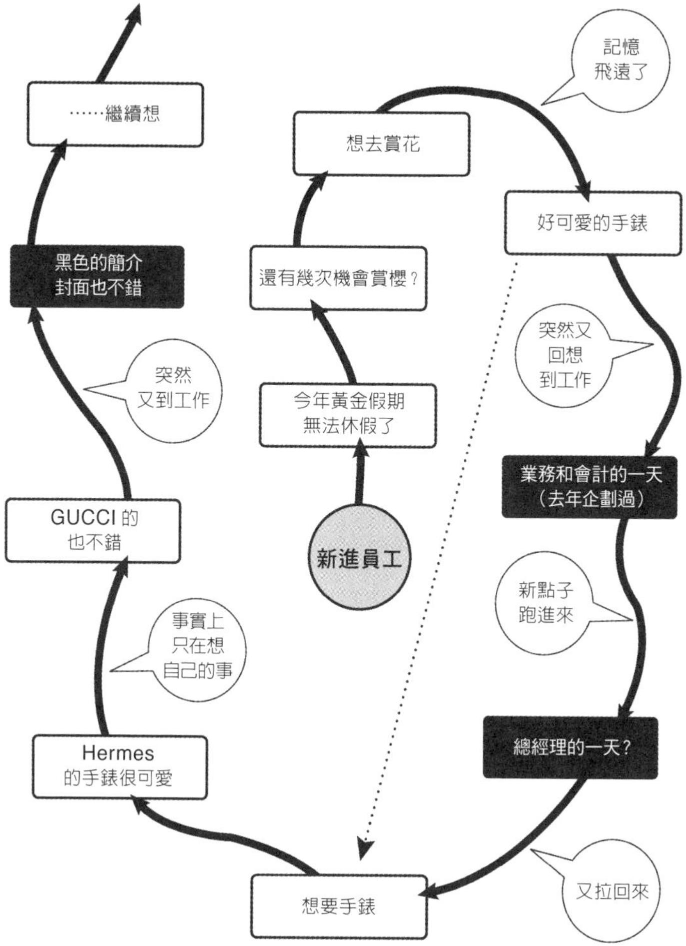

只是幾分鐘的時間，頭腦裡不斷來回想著自己的事與工作的事。

如果想得太遠，又沒有想出什麼點子，那就把自己的思緒拉回來，重頭開始。或是你要從哪裡拉回來都可以，一切隨自己的心意。例如上面的例子，並不是從賞櫻的路線，而是從手錶再延伸出去的。考具的使用方法就是這麼自由自在。

「手錶↓想要手錶↓Hermes的手錶好可愛↓GUCCI的也很棒↓（公司簡介）DM封面做成黑色的也不錯……」就像這樣推演下去，不知不覺間點子就一一浮現，這就是聯想遊戲。切記，我們一定要將它們記錄下來。

由於是個人記憶中來回搜尋的遊戲，所以會反映出個人的喜好與特質，這樣很好，完全沒有問題。記得在想點子、構思企劃案時，一定要「任性↓大膽」，所以**先從自己喜歡的想法開始**又何妨？我們正是靠自己的點子謀生的。

然而聯想遊戲一直想下去，會感覺離主題越來越遠。淨想些不相干的事，這樣好嗎？

其實這也是使用這種考具的目的之一。當我們在思考時，各種事物在腦袋中不停迴轉，其半徑比我們認知的還要狹窄，如果我們只考慮相關事物，那麼一些特例、意外、新奇之物就不容易產生。因此我們要盡可能擴大思考範圍，雖然這不容易做到。

聯想遊戲因為是遊戲，所以很容易脫離軌道。而這正是其目的，只是在思緒奔馳的同時，腦海裡還是殘存著問題意識，所以再如何天馬行空，也不會飛奔到完全沒有關係的星球去，這正是人們覺得不可思議卻又十足有效的方法。

聯想遊戲對於企盼跳脫膠著狀況者有效，對於渴望葡萄藤般延伸新想法的人也有效。請多利用搭乘電車及在路上蹓躂時，將看到的事物收錄在心，任意聯想，一些舊記憶也就伴隨著新刺激躍然而上。

考具13

九大檢驗法則

思考陷入膠著時，走出迷宮的處方箋。

目前為止所介紹的考具，都是幫助我們有效引導出已知素材、重新排列組合的工具。至於如何組合或組合的方式也都悉聽尊便，隨個人運用。

但有時我們難免會遇到瓶頸，這通常有兩種情形，一是無法引導出可供排列組合的素材，另一是不知如何重新排列組合。欲找出素材，可以利用聯想遊戲、九宮格法、心智圖等考具，但**這些工具並不能創造素材，而是搜尋、捕捉材料的方法**。

接下來，我們將談談如何巧妙地排列組合。靈感來時，好點子接二連三地蹦出來並不困難，但有時卻是苦思良久，毫無進展。

其實，能使頭腦與情緒回到最佳狀態的最好方法，還是點子。點子會產生新點子，想法會引出更多的想法。「九大檢驗法則」便是在這種情況下使用的。這裡羅列了各種點子促成要素的排列組合方法，供大家參考。你可以將這些方法記在你的記事本、錢包裡、PDA，或是任何你容易看見的地方，絕對能發揮強大的功效。

所謂的「九大檢驗法則」即為下列九條：

- **轉用**？——除了現在這樣使用外，是否有新用途？
- **應用**？——有沒有相似物？無法模仿嗎？
- **變更**？——定義、顏色、動作、氣味、形狀……是否可以改變？
- **擴大**？——變大、變長、增加頻率、延長時間……會怎樣？
- **縮小**？——變小、變短、變輕、壓縮、時間變短……可以嗎？
- **代用**？——可以替代的人或物是什麼？材料、場所可以替換嗎？
- **置換**？——替換後，可以改變順序嗎？
- **逆轉**？——相反會如何？上下左右、角色對調會怎樣？
- **結合**？——合體、混合、合併會怎樣？

以上這些方法，是為了產生新點子，而讓各種素材重新排列組合的基本形式。你可以用問句的形式進行，也可以試試對話的方式。各種問題的答案，請用視覺想像。如果手邊有紙和筆，請務必將想法寫下來，一定會有新的想法出現。

如果轉用看看……

如果擴大的話……

如果改變材料……

當然不必像教科書一樣，每個問題都要回答。如果很難回答就跳過去想下一個，也不必拘泥要從哪一個問題開始，一切都是隨興而行、自由運用。

但是，有時為了尋求從未有過的方向，強迫自己回答每一個問題，也是很有趣的。總之，就是要不斷挖掘出隱藏在腦海裡的新想法。如此重複操作，不知不覺間，你就會記住這些思考模式，逐漸地，對於某個訊息或點子，可以從不同的角度去衡量、思考，而令你更有主見與判斷力。

相同的訊息來源卻能夠產生數倍的想法，其理由便在此，這也成為我們最有利的武器。至於這九個類型是不是從上到下依序記憶，就看個人如何使用了。當我自己遇到瓶

九大檢驗法則

轉用？ ▶▶ 除了現在這樣使用外，是否有新用途？

應用？ ▶▶ 有沒有相似物？無法模仿嗎？

變更？ ▶▶ 定義、顏色、動作、氣味、形狀……
是否可以改變？

擴大？ ▶▶ 變大、變長、增加頻率、延長時間……
會怎樣？

縮小？ ▶▶ 變小、變短、變輕、壓縮、時間變短……
可以嗎？

代用？ ▶▶ 可以替代的人或物是什麼？
材料、場所可以替換嗎？

置換？ ▶▶ 替換後，可以改變順序嗎？

逆轉？ ▶▶ 相反會如何？
上下左右、角色對調會怎樣？

結合？ ▶▶ 合體、混合、合併會怎樣？

頸時，最常拿它們來當作工具。

正如你所發現的，製造點子的手法其實很簡單，從古至今都沒改變。不同的只在於輸入的資料。而資料會因應時代或環境的變化而隨時更新，因此**點子永遠不會有枯竭的一天**。現今世上存在的創意和概念都不是唯一的答案。

現實工作中，一直期待著自己能有好的點子出現，雖然要自己想出如牛頓、愛迪生一樣改變世界的創意有些遙不可及，但是要想出改變日常生活、日常業務的點子並不難，甚至有一天，我們還會發想出影響社會的大創意呢！

考具14

腦力激盪

搭別人想法的便車，並接受自己從未想到的觀點。

前面介紹的都是適合個人獨自發想所使用的考具，其實，**適合一群人想出好創意的考具也很重要**。所謂「三個臭皮匠勝過一個諸葛亮」，集合眾人的智慧，定能產生曼妙的創意。

「腦力激盪」便是集合數人共同激發出好點子的方法。通常我們在進行腦力激盪時，必須遵守下列四項原則：

原則一　不批評他人的發言。

原則二　歡迎自由奔放的發言，甚至如白日夢般的想法。

原則三　量比質重要。

原則四　搭他人想法的便車。

美國一家著名的工業設計公司IDEO因為經常舉行腦力激盪，而悟出了七大祕訣：

①聚焦明確；

②要有遊戲的心情；

③點子是可以數的；

④累積力量，奮力一跳；

⑤地點和場所會喚醒記憶；

⑥活動、伸展精神的筋絡；

⑦使用身體。

有關這七項祕訣的詳細內容，你可以參照：《IDEA物語》（註1）這本書，不過實際進行腦力激盪時並不簡單，原因是大家都很難遵守「原則一」，對於他人的想法會忍不住說出「不行」、「不好」等批評，尤其是參加者有從屬關係時，更是明顯。

為解決此一問題，一定要刻意謹守「原則三」與「原則四」。

首先，去接別人的話尾。在腦力激盪的會議裡，我們並不是要判斷誰的點子好不好，他人的想法只是我們前進的跳板，因此請試著多利用他人的發言，再加上自己的想法。有時你會發現同樣的課題，卻因此產生了自己從未有過的觀點，這是非常有趣的。

腦力激盪會議是**偷別人想法**的最佳時機。這樣的會議經常讓我們發現許多自己想都沒想過，甚至不知道、過去沒興趣的事，然而藉由這樣的互動方式卻擴展了我們的視野，甚至強化了我們拿手的項目。創意人對許多事是沒有預設立場的。

一般人多只朝自己有興趣的事物發想，腦力激盪則是強迫自己想想沒有興趣的事物，不要認為自己不行，不要以沒時間為藉口，一定要半強迫式地強制自己參加。重要的是，相信我，腦力激盪會議絕對會讓你受益匪淺。

成功的腦力激盪會議還有一項要訣，就是**不要有競爭意識**。腦力激盪重視的是數量，因此要竭盡全力讓自己成為想法最多的人，而不是去批判他人的想法好不好。

腦力激盪四原則

這個原則很難做到，對於他人的想法會忍不住說出「不行」等批評。

點子不論大小，也不管可行性如何。

原則一　不批評他人的發言。

原則二　歡迎自由奔放的發言，甚至如白日夢般的想法都無所謂。

原則三　量比質重要。

原則四　搭他人想法的便車。

熱烈討論，激盪出大量的點子。

別人的點子都是自己想出來的？！別客氣，儘管接別人的話尾吧！

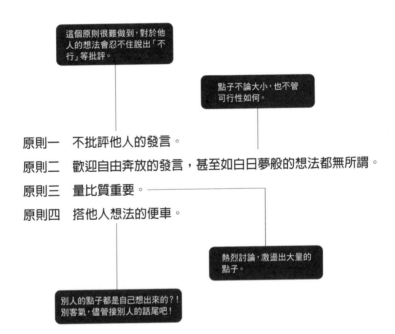

腦力激盪會議裡不需要有批評家，也不要一心一意只想當領導人，是否能讓會議氣氛活潑又熱烈，全在於會場是不是有新的想法一個接一個產生。

我們所要做的，便是擔任這樣的推手，其祕訣就是我前面所提及的各種考具。

腦力激盪會議的可貴之處，在於能夠獲得一個人獨自思考時所無法產生的各種想法，可說是創意的寶庫。然而，我必須再次叮嚀，千萬不要讓腦力激盪會議變成批評大會！要讓大家的想法在此百花齊放，不受拘束。

每個人都喜歡新東西，每個人都喜歡新點子，看見手邊的草稿越來越厚，會議室裡的溫度越來越高，是不是也令人心跳加速、興奮不已？讓我們做這樣的推手吧！

註 1 ──《*The Art of Innovation*》，湯姆．凱利（Tom Kelly）著。

第 4 章

企劃＝點子的加減乘除！

——將點子變成企劃的考具

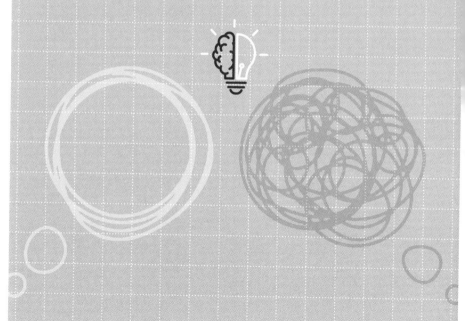

前面幾章介紹了如何將儲存的情報，亦即既有的素材，重新組合成新點子的各種考具。或許一開始時，這些新點子還很生澀，充滿了別人的影子，但慢慢地，你會漸入佳境，靈感澎湃，而其中便會有不少可行、有趣，甚至讓自己感動不已的好主意產生！

有了新點子，下一步就讓點子變成企劃。

首先，請找出一個吸引你，而且能夠成爲主力的點子，並且思考這個點子可否和其他的想法結合？或者這個點子的某一部分是否可以拿來運用？還是將幾個點子的某部分交換看看？總之，要不斷推敲眼前那張點子紀錄，將吸引自己的點子作爲主要考量重點，選擇能夠整理成完整企劃的點子。這個作業你可以獨自一個人進行，也可以和幾個人共同討論。

如果結論是這些點子都無法使用，那就要很乾脆地放棄，不要因爲捨不得而勉強使用，這樣可能會使得情況變得複雜而失敗。唯有等到有其他適用的命題，再進行檢討。

廣告公司的作業方式是先將所有的點子匯集起來，進行討論、篩選。即使是廣告預算如天文數字般的超級客戶要比稿，也不可能一次提出一百個企劃案供客戶選擇，都得經過千錘百鍊的推敲琢磨才行。

有時點子本身就像天方夜譚，雖然很美，卻也難以落實。而且無論點子多麼美妙，還是有預算限制，因此我們需要企劃，將點子的精髓與現實狀況的可行性相結合。

例如：推薦哪個明星當電視廣告的代言人？辦活動的場地在哪裡？哪一天舉行？企劃案必須匯集大家的經驗與意見，整理成隨時都可執行的程度，才能向客戶提案。但如果沒有點子又何來企劃？**好的點子必須要兼顧實務面，若點子不能落實成企劃案等於空談**。

平面廣告利用「色稿」，電視廣告利用「腳本」，而辦活動則要利用企劃案與示意圖，使雙方的想法獲得共識，如此點子才能具體實行。

此外，當然不可缺少估價部分，例如請演藝人員演出，則須預估演出費用。而活動會場的流程規劃、舉辦日期也必須明確。

或許你的工作型態與上述情形不盡相同，不過我想基本原理都一樣。你想出來的點子要怎樣才能具體實現？這時可以利用某些考具來幫助自己判斷。以下所介紹的考具，即是讓天馬行空的點子轉化成具體可行企劃的利器。

考具15

5W1H形式

基本的基本，嚴守5W1H。

一聽到企劃書，你腦海中會浮現什麼樣的畫面？厚厚的一本？裝訂得美美的？的確，企劃書有許多種形式，光是廣告公司的企劃案就長得五花八門、爭妍鬥豔。

然而，並不是厚厚一疊就是好的企劃書。就算只有一頁也可以是一個企劃案。複雜如董事會，儘管議題多不勝數，到了會場還是只見所有議題整理成薄薄的、一到兩頁，而且最好只有一頁。其他的場合也一樣，甚至我們可以說，在任何場合都只需要**一頁的企劃案**。

但是，如何在一頁裡有條不紊、清晰明白地闡述你的企劃概念呢？這便是技巧所在。企劃案第一步，即是將企劃的概要架構起來。

企劃案最基本的架構就是「5W1H」。

WHO 誰
WHEN 何時
WHERE 何地
WHAT 做什麼
WHY 為什麼
HOW 如何做

或許每次企劃案的順序和內容略有不同，不過相信很多人最初都以5W1H法則來設定作業的條件。

提案之前，必須先確定企劃的基本架構，否則條件不符，最終仍無法落實。還記得先前所述「率性↓體貼心」這一點嗎？**先從發想出發**。讓自由、率性的心激發出點子，再加入現實的條件，考慮可行性。

儘管如此，我們往往無法很快地就整理出一份完整的企劃案，總是會碰到窒礙難行的地方。但是，**一份新的企劃是不可能根據神的意志，事先安排決定而產生的**。散布在河口的岩石原本也不是圓的，是經過不斷地沖擊砥礪而成。雖然構思企劃費時費力，可能讓你五點半還無法下班……，但請務必堅持下去。

盡量地想！雖然過程辛苦難熬，但竭盡心思所完成的工作讓人刻骨銘心，也更加有趣。抱持這樣的熱情，就能實現自己的想法。為了要讓夢想成真，請用5W法則來幫助自己，讓我們站在「點子↓5W1H」的角度上重新思考！

下面我以一個實例來說明。

假設你是某家超級市場的企劃，日前接到總經理的指令，要以公司成立十五年及總店鋪突破三十家為主題，企劃一項促銷活動。

我們首先運用此一考具來思考。

「以兒童為對象，舉辦夢幻新商品發明大賽。」

「將得獎作品做成模型，在賣場展示、表揚。」

從現實面來思考，利用超市內的商品促發兒童的想像力似乎頗具貢獻，而做成模型放在賣場，不但有趣，還能吸引客人……，這樣的想法頗新鮮，就把這兩個想法結合起來，整理成一份企劃吧！

但是「夢幻新商品發明大賽」和「將得獎作品做成模型，在賣場展示」的門檻過高，會不會令店長不高興呢？那麼，我們是要另外再想別的案子？抑或將這個點子稍作修改，變成單純的比賽就好？創意人在此陷入膠著。

WHAT 做什麼？

「新商品發明大賽。這是家超級市場，因此希望能找到有趣的商品銷售。」

「如果新商品能令消費者一看就覺得有趣，那麼不管這發明是否真能實現，我們都可以用它來吸引顧客。」

「做模型需要多少預算？例如放在各通訊用品店頭的模型手機，要多少錢呢？」

WHY 為什麼做它？

「如果我們能促進親子關係，讓家人有共同的話題討論，提供親子合作、共同完成作品的機會，成為與生活緊密結合的超級市場，應該也是件有趣的事情。不知道店長是否能理解，並願意支持？這應該是很有意義的。」

WHO 誰？

「直接對象是小孩子，但全家都能一起參與，最好連學校方面也能共襄盛舉。」

WHERE 哪裡？

「得獎模型最好能在賣場裡展示，但如果不行的話，該怎麼辦？」

「不希望只是在傳單上草草宣傳、表揚得獎作品就結案。」

WHEN 何時？

「因為十五周年是在六月，所以社長希望在六月舉行，但既然是針對小朋友，還是在暑假舉辦較好。」

「如果當成暑假作業，九月初為活動截止日期，那要在什麼時候發表？模型的製作時間大約需要一個月……」

HOW 怎麼做？

「既然是以小學生為對象，那麼就在學期結束時宣布大賽的訊息。但即使小朋友到店裡來，也不一定會看到這訊息，那麼該在哪裡公布呢？可以得到學校的協助嗎？」

「小朋友要如何參賽呢？用畫紙嗎？希望大家都能踴躍參與，但如果要求所有參賽作品都做成模型，恐怕沒地方放，還是請他們用畫的吧！不過，不會畫圖的小朋友怎麼辦？」

為了要讓點子能夠確實執行，我們不斷以5W1H檢驗各種條件與問題。**心中燃起「實現它！企劃它！」的熱情**，整件案子的樣貌也就會產生變化。以這個案子為例，經過思考後，舉辦活動的時間就和當初總經理所希望的時間不一樣了。我們用「點子→5W1H」來檢驗，就會模擬出「模型製作、店頭擺置位置、舉辦時間、參加辦法、評審人員」等架構的大致輪廓。

只要企劃的架構清楚，各種問題就可迎刃而解。例如為了配合周年慶的時間必須在六月，因此就將六月設定成活動告知的開始，並且以小朋友興奮的心情來設想HOW（怎麼做）、如何實現它，有了各種腹案，再與客戶溝通，也多了變通的機會。

「5W1H」雖是個常見、眾所周知的方法，不可否認地，卻也是個「**將點子落實**

為具體企劃」的好考具。

最後，這個企劃就在對總經理提案的前兩天完成了。

雖然只是粗略的大架構，但表現的格式絕對不可以平鋪直敘、平淡無奇，要洋溢著極欲實現它的熱情。至於能否執行，則是總經理的判斷，我們只要整理到這裡就可以了。接下來，我們就將這些想法做成企劃書，提案時要將這個企劃有趣的地方、整體價值清晰陳述，才能引起共鳴。

提案時，如何將點子與企劃的魅力確實傳遞？我們將在下個章節詳述。

店頭展示得獎作品的模型！「夢幻商品企劃大賽」

需要想個活動標題

WHAT

以「在本店銷售」為前提，舉行「夢幻商品企劃大賽」。

- 目前本店沒有賣的商品也可以，例如太空旅行或高爾夫球俱樂部等。
- 不承諾一定會將得獎作品變成商品，只做成模型。
- 得獎作品做成模型，在各分店陳列，因此各分店得規劃出陳列位置。

※ 這是重點，例如將模型混在真實的商品裡，變成一幅畫的感覺，是不是頗為有趣？消費者會不會覺得驚喜？

- 參賽用紙需要下工夫，格式最好能激發小朋友的創意，發想出許多好點子。

※ 商品孕育的過程是不是很重要？

HOW

- 能幫助小朋友思考的「點子發想型參賽用紙」。
- 參賽用紙設計成企劃書的格式。

※ 做成和真實企劃書一樣的格式，讓小朋友產生「專家」權威感，而不是寫作文。

- 評審標準：參賽用紙＝企劃書。決定得獎作品（公司的員工、約聘人員皆可參加）。
- 分成公司獎與分店獎（促進與當地的交流）。
- 公司獎統一由公司頒贈；分店獎由各分店自行頒贈。
- 節目內容告知媒體。

時機１：活動開始時（不一樣的商品開發比賽……得獎作品真的要在店頭銷售……）。
時機２：結果發表（將得獎者姓名及作品的插畫送給媒體）。
時機３：在店頭訪問得獎的小朋友與介紹模型（笑顏逐開的照片）。
時機４：採訪總經理（希望能幫助小朋友培養想像力……）。
時機５：電視節目曝光?!（在模型完成之前……）。

WHO

參賽資格為小學生。中學生呢？家長會不會幫忙？學校呢？

※希望他們不只是單純地想點子，更要意識到這是真的要銷售的商品。

※在參賽用紙上下點功夫，讓小朋友可以輕鬆愉快地想出點子。

WHY

店頭→①以小孩子為訴求對象，能夠創造話題（社會公益的一環）。
②促進主要顧客（母親與小孩）的關係。
③可以和新商品結合。

參賽者（小孩）→①滿有趣的（接近實際商品，比單純的發明比賽更有趣味感……）。
②以得獎者作品做成的模型致贈給得獎人。
※自己的想法被具體做出來，有一種受尊重的感覺……。
③可以當成暑假作業中，「自由研究」的課題作業。

學校．父母→①可以作為綜合學習的一環。
②也是一種社會觀摩。

WHEN

①徵求（暑假前）：
1. 店頭告知與廣告。
2. 可否獲得學校協助？

3. 媒體的新聞稿（告知報紙等媒體舉辦時間）。

②應徵（暑假）：寄到公司的籌備單位（如果獲得學校協助，可以送到校方）。

③審查（秋天）：名人？（也想讓公司的人員、約聘人員參與）

※可以有大獎「公司獎」、「分店獎」及其他小獎。

④結果發表：與「徵求」時同樣方式。

⑤表揚典禮：星期六、日。

⑥商品展示：秋天或是冬天的促銷期，十天左右（兩次的週六、日）。

WHERE

①模型的展示場所：所有分店，將模型放在同一種類的商品區展示？

※如果商品無法做成模型，就用插畫表示。

②賣場：擺置統一製作的POP，介紹得獎商品以及得獎者的照片。

※無法配合的店頭，則在入口處做活動展示。

③獎項：公司獎、分店獎，盡量讓許多人得獎。

HOW MUCH

①參賽用紙的印刷費（要花心思做好一點）。
②活動告知費用。
③籌備單位費用（接受詢問與審查流程控制）……所需人手。
④評審的酬勞。
⑤模型製作費……運送費。
⑥表揚典禮（場地費與執行費）。
⑦營業損失。
⑧效益。
※可以變成銷售商品發表會嗎？
※如何成為媒體報導的話題？

運用 5W1H 將點子落實為企劃，問題點也明確顯現。

考具16

標題

第一印象最重要，能喚起人們的想像力。

一言以蔽之，**企劃一定要有標題**。

這裡所指的標題，不單只是商品、活動的名稱而已。請想像一下，「今日重點要聞」、「電視節目預告」或是商店裡的POP，我們的提案一定要引起對方產生「啊，這是什麼？」、「那會是什麼感覺？」的反應才是好的開始。

只有你才有辦法為充滿熱情的企劃寫上標題。**一句好的標題可以提高企劃的被理解度**，其效果就像考具六所介紹的，「想像自己是臨時的新聞記者」一樣，好的標題就像一座橋，能讓對方更容易瞭解，充滿善意地朝我們想去的方向一同前進。

標題

小小愛迪生
大賽

愛迪生
是家喻戶曉的發明家

愛迪生的發明
接近商品的實用形象

參賽的小學生
是「小小愛迪生」

尤其是有些人不聽說明而先看企劃案時，更需要好的標題。

我們回到前面，以超級市場創意商品大賽的企劃案為例，練習下一個標題試試看。看看下了標題之後，文字雖然是黑色的，但整個企劃是不是頓時五彩繽紛呢？

有一個關於標題的小技巧，就是要盡量讓企劃書或點子素描充滿豐富的訊息，同時不要太凌亂。請記得，一本都是字的企劃書，沒人看得下去。

這時可運用**「具體置換」的技巧**，使用相同字數也能說得具體、讓人深入瞭解。

例如我這本書是用「電腦文書軟體」寫成的，如果我將「電腦文書軟體」換成用「iBook Word」書寫，是不是會讓閱讀的你獲得更多的訊息？而且我的字數還變少了呢！

我們所寫的企劃書裡，經常充斥著抽象語言及不必要的文章，其實這是我們的潛意識作祟，總認為企劃書越厚越有分量，文章寫得越長越有內容。

雖然我們在評斷企劃書的好壞時，重點應該放在內容，而不是標題，但不可否認地，標題具有「**以少許的文字傳遞大量訊息**」的作用。

因此，企劃加上標題，會讓你想傳達的訊息更具魅力、容易瞭解。

無論你是在前衛的公司或中堅企業任職，都要切記在「企劃案加標題」上多下工夫。當然我們會考慮周遭的環境，省思表達的深度，然而撰寫企劃書還是要從一行標題開始想起。

考具17

視覺化、圖像化

請用三度空間思考，讓企劃形成「畫面」。

5W1H、下標題，都是利用文字來將點子落實成企劃案。然而文字並不是唯一的方式，實際上做企劃時，三度空間的立體性思考更能讓企劃構想栩栩如生，呼之欲出。

發想點子、整理企劃時，請試著用三度空間的想法將理想的模樣描繪出來。亦即，**請用圖像化的方式思考**。以考具九所介紹的馬克杯為例，把手、彩色圈圈、較薄的杯口……，各種可能性會產生什麼模樣的杯子？我們除了理性地推敲外，也請閉上眼睛用圖像想像一下。

有沒有看到任何形象或輪廓？

是不是覺得視覺的想像比文字更容易產生許多聯想與訊息？

請記住：**不能描繪出畫面的，就不可能落實為企劃**。

當企劃落實後，會是什麼模樣？當點子變成製作物時，會長成什麼模樣？如果連提案的你都無法想像，聽你做簡報的客戶一定更沒有想像力。

在企劃階段，一定要包括視覺化作業。

對於細節，我們可以略過不管，但整體而言，一定要有圖像化過程，如此才能從容應付客戶的任何問題，這也是具體呈現企劃的要訣之一。

預算、執行時間的確認可能需要花上一段時間檢討，但是一位企劃人對整體的理想狀態卻不能沒有概念。

新點子不過是既有要素和材料的新組合，因此對於各種狀態的想像應該不困難。**想像要越仔細越透徹越好**。既然是自己想做的事，就要想得越明確越好，而這也是判斷企劃能否成功的依據。如果自己都想不清楚，縱使再有心也難成氣候。電影導演普遍都具有這種能力，無法將想法圖像化的導演是很難做出各種指示的。

圖像化是將點子落實成企劃的重要技巧，因此我再多著墨一些。以前述的超級市場新企劃為例，如果我們加入感情，過程運用圖像化思考，將會激發出更多點子。

例如參賽用紙會是多大尺寸？什麼規格？

請想像一下……什麼樣的規格能讓小學生寫起來得心應手？

其次，讓我們想像一下擺置新商品模型的店頭賣場。是要放在賣「馬鈴薯番茄」這類新品種蔬菜的地方？還是放在家電區？既要讓得獎的模型引人注目，又需讓消費者瞭解這是尚未真正製造的非賣品……該怎麼做？

如果遇到不願意合作、不讓我們擺設模型的店長又該如何？……放在櫃檯收銀機的前方，對方可以接受嗎？放在消費者整理購物袋的平台附近好不好？或者是停車場？下雨時怎麼辦？

評審時又是什麼場景？評審委員長的長相……會像什麼樣子？總經理可以有幾票？

諸如此類的想像，越詳細越好，因為這會關係到企劃能否成立、是否具說服力。

我們在日常生活裡也可以做同樣的練習，下次約會要先去哪裡、再去哪裡……，今天晚餐要煮哪五道菜……？

視覺化思考

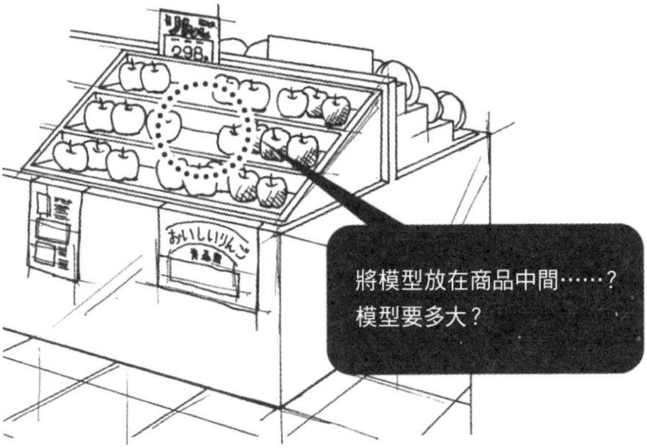

仔細想像落實企劃時的狀況。

不論是日常生活或是自己喜歡的事，都能善加運用這個方法多做練習，讓你的點子和企劃更具魅力。

視覺化、圖像化可說是企劃作業的無上心法。如果我們能將想法用圖像化的方式想像，會讓 5W1H 的整理更簡單，也更容易下標題。總之，圖像思考是企劃構成的一大利器。

考具18

九宮格

讓 5W1H 清晰呈現，使整體樣貌更一目瞭然。

「九宮格」也是落實企劃時可以運用的考具。

在考具九的章節裡，我們提到了如何利用九宮格讓思想奔放，最終又讓各個點子有所連結。在這裡，九宮格同樣能以簡單的形式，讓點子整合成企劃。

我們再回到超級市場的促銷企劃這個命題。

首先，試著將 5W 運用到九宮格的格式中。

最中間的一格為 WHO，其下方是 WHY、上方為 WHAT、左方為 WHERE、右方則為 WHEN。然後我們在 WHO 這一格填上這次的主角──小學生。

「小小愛迪生大賽」的企劃案，如果以小學生的角度來看，會是什麼模樣？

除了WHO以外的四格，我們都以開放的心重新思考、自我盤問，如果真要執行時，需要什麼條件？**九宮格越寫越多，所需的條件便越來越詳細、越來越清晰**。

WHY

在超市裡如果也有賣我設計的商品，是不是很有趣？

如果我得到第一名，超市還會將它做成模型展示，是不是很驕傲？

還有什麼理由讓小朋友怦然心動？

WHAT

準備參賽用紙，讓小朋友寫下想法，要不要限制商品種類？

用插畫還是寫作文？

如果使用我們公司商品企劃部的文件格式好不好？

暑假期間有作業，還要去補習、參加夏令營，有沒有較省事的方法？

WHERE

在哪裡領取參賽用紙？

接受投稿的地方？

得獎的公布方式？頒獎典禮？

得獎作品在店頭展示？

學校的回饋呢？

WHEN

告知期為六至七月，募集時間為暑假，截止日為九月上旬，發表日為十月上旬，頒獎典禮與作品展示為十月下旬？作品展示與店頭促銷期是否要結合？什麼時候？

我們通常以 5W 法則將整體企劃作總整理，讓點子變成具體企劃，而填在 5W 裡面的九宮格就是 HOW。而如果以小學生的眼光來思考 5W，企劃的細節部分就會有所不同。因此我們經常運用這樣的方法，讓執行時的條件更明確，企劃更具體。

這種方法是幫助我們將不斷延伸的點子收回來。點子經過不斷地伸與縮，會越來越

運用 5W 九宮格整理企劃

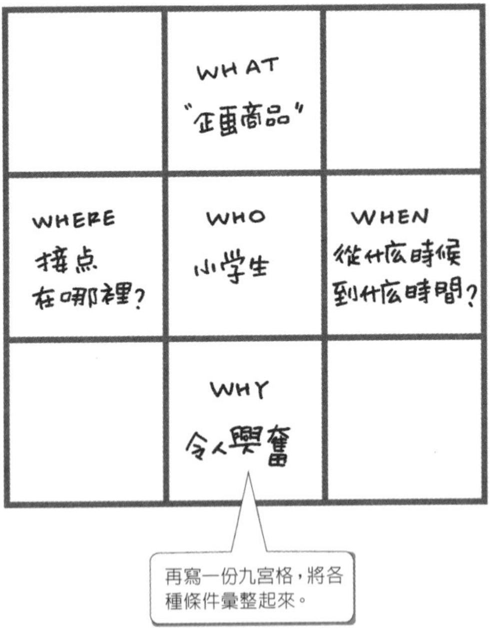

將 5W 法則結構化後，很容易立刻掌握住重點。

具體，成為結構完整、紮實的企劃案。

我們將 5W 法則用九宮格重新思考，就會得到不同的印象。例如 WHAT—WHO—WHY 的縱向思考是主體性的行動軸。WHERE—HOW—WHEN 的橫向思考，則是主角四周的環境軸。

九宮格的結構就像碎形（fractal）結構，可以無止境地分解，讓每個細節都具體化，又可將所有點子一目瞭然地整理在一張紙上，既簡單又易懂，這便是九宮格的奧妙之處。

考具19

企劃書

透過最後的總整理讓每個人都能想像你要傳達的意念。

當點子要彙整成企劃時，最常使用到電腦。點子素描雖然可以寫下發想時的備忘錄，但企劃最後仍是要以企劃書的形式呈現，這是不可避免的最後關卡。

撰寫企劃書時，會用到哪些電腦軟體？Word、Power Point、Excel，甚至是Illustrator。

老實說，用什麼軟體都可以，因為每樣軟體各有優缺點，但**最重要的仍是「原稿」**，好的企劃案取決於內容的好壞。企劃書如何編排得精美絕倫，我想各種雜誌、書籍都介紹過，而且生活周遭這方面的高手如雲，我們都可以向他們借鏡。

我個人認為，大部分的時候，企劃書並不講究外表的豪華。在一般的業務裡，我們無須將它做成如美術品般的講究，反而應該在內容的構思上貫注最大的心力。**我們想成為優秀的「企劃人」，而非優秀的「企劃撰寫者」**，因此小心不要掉入陷阱，一味地追求企劃書的完美格式。撰寫企劃書是集所有作業的大成，有時一個企劃案的執行預算動輒上億元，不可不慎。

企劃書撰寫的第一步是「下標題」。標題＝企劃名稱與銷售話術。之後便是5W1H法則，以上是必須掌握的基本條件。企劃書的表現形式，最重要的是要**讓讀者的心中浮現出相關的畫面來**。

如何將文字草稿變成圖像式的形式需要高度的技巧。就像我們在提案時，務求心中所浮現的畫面能與對方想像的畫面一致。如果真能做到這一步，那麼你的企劃書和你的提案一定會成功。

我們一方面用語言傳遞訊息，同時還要喚起對方的想像，因此有時需要繪圖來補充說明。如果預算足夠，我們可以為它量身訂做示意圖；如果沒有經費，利用類似的照片

企劃書

小小愛迪生大賽！

●以中小學生為對象的「（虛擬）新商品開發大賽」。
●得獎作品將做成「模型」，在各店頭「陳列」展示，也是對消費者的回饋。

效益

◎公關效果：邀請學校一起參與的地方緊密結合型活動，可對各媒體發布訊息。
◎創造潛在顧客效果：小朋友出點子，與店家發生連結。
◎搶先掌握商品開發需求：發掘未來顧客的需求。
◎內部向心力效果：店頭的從業人員一起參與，可提高自主性與企劃力。

idea sheet 參賽用紙 ▶ **截稿 → 審查** ▶ **模型製作 → 店頭陳列**

idea sheet 參賽用紙

● 能喚起小朋友最大想像空間的參賽用紙。

● 規劃講座或說明書，幫助小朋友發想、成形。

截稿 → 審查

● 成為學校課外活動，或是暑假作業的一部分。

● 能獲得消費者心聲。

● 最終審查：所有店家的作品共同評審，共選出20項。

● 此外，各家店也有分店獎。

● 評審的標準為是否引人注目，而非商品的可行性。

模型製作 → 店頭陳列

〔模型製作〕
得獎作品做成模型，數量以各店都能陳列為主。

〔店頭陳列表揚〕
將各個商品模型與真實的商品共同陳列在貨架上。會因為讓消費者在購物之時，接觸到虛擬商品而驚訝不已，模型也送給得獎者本人與學校等。

〔商品開發……〕
是否能變成真的商品？

作補充說明也很有效。

但也請不要誤解，認為只要有圖就一切OK。例如當你在說明一場運動賽事時，是要放棒球的圖片，還是足球？哪一張圖片才能正確傳達我們的訊息，這些都是要考慮的，而不是只要是運動的圖片都可以。

有些人會以提案的內容是否有想像力來判斷企劃書的好壞，這樣的人看到視覺性的東西容易促發想像力，我們更應該善加運用。

當我撰寫企劃書時，便常常附加許多參考圖片。但如果很難以圖像說明時，請不要勉強行事，如果硬是貼了張不恰當的圖片，反而會遭到誤解，甚至招來反效果，不如不用。

透過提案的方式讓客戶心中對企劃書產生無比想像，其核心工具就是文字的表現力，就像小說只用文字就可驅使千萬大軍在我們的心中奔馳，我們也必須具備文字的控制能力，讓即使沒有插畫輔助的企劃案，依舊能生動有趣地描繪出企劃目標。

此外，各企業的創意鬥士最需具備的提案技巧，即是**語言的表現力**。這種語言表達能力與文案人員的表現力稍有不同，是必須能在聽者的心中製造圖像想像的語言操控力。

第 5 章

偶爾來點刺激！

——腦筋打結時的忠告

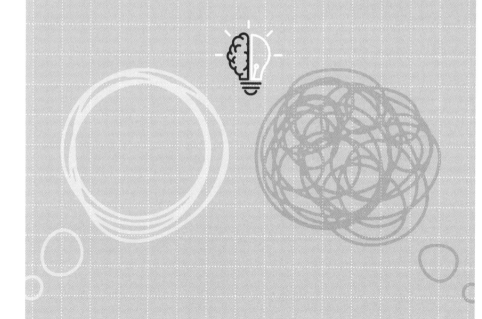

在前面的章節裡，介紹了如何收集身邊資訊、發想點子的考具，也介紹了將點子整合成企劃的考具，但這些終究只是工具，端看如何運用，才能變成攻城掠地的武器。如果在平日繁忙的業務中，這些工具只是徒增工作的困擾，則會招致反效果，而令人動彈不得。

更何況，縱使我們過去從未使用過任何考具，工作還不是一樣進行？有些人或許就因此覺得沒有使用考具的必要。不過既然我們自許爲「創意人」，就**不允許發想點子、做企劃的專業能力長時間地陷入低潮或瓶頸**。還是請各位善用考具，培養隨時發想的習慣，使創意不虞匱乏。本章將介紹讓你能量不絕的充電工具。

接下來，筆者要介紹的是如何讓考具運用自如、發揮功效的方法。

所謂的「考具」是使用方式、思考方式及技術三方面的組合，而思考方式與技術是有規矩的，因此我們需要給自己機會及時間，多方嘗試，才能熟悉規矩、運用自如。

或許有人認爲，只要決定一種考具，貫徹到底，就能一勞永逸……，然而事實上並非如此，包括我也做不到這一點。

那麼，要如何將考具運用自如?!

請順著自己的心情來決定所要使用的考具。使用考具的目的無非就是要讓頭腦靈活起來，因此不須拘泥形式，沒有非用什麼不可的限制，選個自己喜歡的考具就可以進行思考。

最重要的是，要**養成不斷動腦的習慣**。也就是要養成收集資訊、靈感的習慣，並能隨時將這些素材組合成新點子。

有時我們也會身陷泥沼，即使用最心愛的考具也無法解決眼前的問題，這種情形一年總會出現個幾次。幸好以下這些考具可以有效幫助我們跨越障礙，活絡思考，替我們打開腦海中的死結。

考具20

創意馬拉松

時時動腦，想出來的點子要立即記下。

點子一旦被引出來，想停都停不了。一個命題想出二十個、三十個點子，是常見的事。因此，我們要將自己鍛鍊成隨時隨地都能進行點子發想的馬拉松選手。

養成這樣的習慣之後，不知不覺間，我們也會對身邊的許多事物產生自己的想法，腦筋動到別家公司的產品、四周環境，甚至是市政、國家大事，儼然成為社區的行政改革家一樣，愛出意見。

然而想出來的點子，可不要想想就算了，一定要記錄下來，這裡要介紹的考具便是「創意馬拉松」。

這也是樋口健夫先生所提倡的方法，就是**隨時將想到的點子記在小筆記本上**，就是如此簡單。當我們記下時，可以給它一個號碼，作為創意馬拉松的起跑日，例如第一天想出五個，到第二天想出九個時，就是「＋4」，表示多了四個。如此記錄下去，你會發覺自己的發想速度越來越快，點子越來越多，而且能充分享受數字成長的快樂。

筆者從一九九五年八月一日開始成為「創意馬拉松」選手，雖然中間數度想「退休算了」，不過堅持到寫稿的目前——二〇〇三年二月十五日，已經有了四千零四個點子。儘管如此，這中間還是有許多點子漏記了。

當然，有時沒辦法每天記錄，但我經常盡可能地利用手邊的紙記錄下來，夾在筆記本內，等不忙時再好整以暇地拿出來整理。

筆記本裡記錄的，大多是無法實現的點子。而且整理之後發現，有些相似的點子出現了好多次，有些想法還真無聊、幼稚，不過看到點子的總計數字，就讓自己安心不少。有時心平氣和地回顧在工作焦頭爛額時記下的點子，也不免坦承那時真的是腸枯思竭，想不出好點子呢！然而這些事更能證明一點——點子不會有想不出來的一天，也證實自己已在生活中養成隨時隨地想點子的習慣。

持續不斷地發想，**能提高自己成為創意馬拉松選手的意願**。「沒有終點的工作」是我的座右銘，我相信在截止期限前，總會想出更好的點子。如果到臨終時都還在記錄，那麼這本紀錄也成了我個人的簡史，不也是挺好的嗎？因此，我們利用工具養成動腦的習慣是很有價值的。

然而，光是追想以前的點子並不能算是考具。創意馬拉松選手有**自己專用的「點子銀行」**，點子存進去後，不要將它打入遙遠的深宮，當發想遇到瓶頸時，就將筆記本拿出來翻閱。

過去的點子會成為現在的強大奧援，這也是創意馬拉松選手堅持凡事動手、動腦所獲得的特權。你會更深刻地體會到前面所說的「點子生點子」的涵義，**越動腦，筆記本上的新點子越多**。

工作上遇到的課題，大概可以分為幾類。以廣告公司為例，A客戶昨天的課題，可能是B客戶今天的課題，當然我不是說這樣就可以將A的點子直接用在B的工作裡，但A的點子卻能為B帶來靈感。

或許你會認為舊點子落伍、不能用，事實則不然。社會的變遷確實激烈快速，然而人的本質卻是不變的。如果想預測今年的流行，則必須深入了解十多年前的流行趨勢。這也是為什麼大家喜歡參考別家公司的事例與成功案例的原故。

所謂「**溫故知新**」。《孫子兵法》即常提到此一戰略，讓你的點子經常有敗部復活的機會，所以不要客氣，要充分利用你先前的點子，而不要讓它們在筆記本裡睡著了。

在樋口健夫所著的《點子源源不絕》（註1）一書中大力推薦，當你養成將點子記錄下來的習慣後，還要試著說給別人聽，不管聽者是誰，同事、家人、朋友都可以。對方是贊成也好，反對也罷，有什麼缺點都會告訴我們，甚至還會幫我們修改、提供意見，使點子發展得更成熟。

這也是運用這項考具的另一個效果。記得**「施與受」的道理**，我們只要經常給予，就會收到回饋，如果你不拋出訊息，是無法收到回應的。如果我們不先起個頭，對方則無法有意見。就像腦力激盪會議時，如果你不先拋磚引玉丟出點子，更好的想法也無法被導引出來。

所以，**請將想到的點子說給別人聽吧**！將你的點子作為談話的題材試試看，透過談話，會幫助你從不同的角度檢視點子的缺失或不足，也會發現許多自己沒有注意到的觀

點子馬拉松

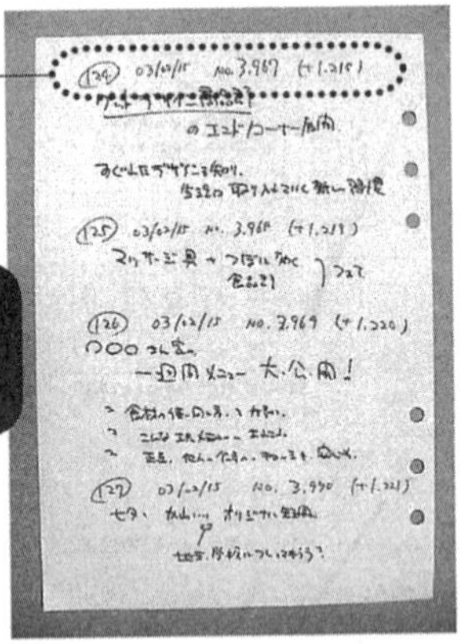

記下日期、編號、增加的筆數。

記在電腦文件裡的備忘錄，要列印出來歸檔。

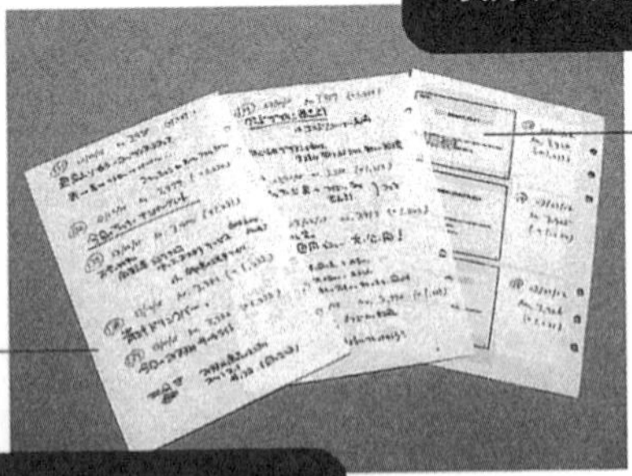

不管分量多少，一行或一頁均可。繪畫也無妨。

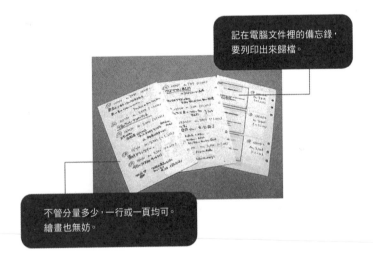

點。

深知動腦樂趣的你，從現在起，也來做個創意馬拉松選手吧！一天一案、一天一行即可，只要不斷記錄，總有一天，你會赫然發現自己在點子銀行裡早已家財萬貫，存了不少銀兩。

註1──《アイデア発想が湧き出る本》，日本鑽石社出版。

考具21

從發問開始

如魔術般有效，考具大發威！

養成思考的習慣，能訓練自己對點子的運用遊刃有餘，也能加快聯想的速度，讓點子如雨後春筍般迅速地延展開來。但儘管如此，有時仍不免有施展不開或碰壁的時候。

例如：在發想點子時遇到瓶頸，點子太過「白水煮白菜」，沒有什麼曲折的樂趣；類似促銷案子已經做過二十次了，實在變不出新花樣；預算太少，怎麼做都困難……，這種時候，該怎麼辦？

大部分的課題我們都可以從正面攻擊，迎刃而解，但有時還是會遇到一些狀況，要從狹小的門縫鑽過去。

當點子王、創意大師也深受困擾時，該怎麼辦？

不要擔心問題無解，我們反而要以無比欣喜的心情（終於有更難的問題）來挑戰它。不過，解決問題並沒有特效藥，而且每個點子或企劃都要量身訂做，不同的業種有不同的條件，即使是同一家公司，也會因時間的不同而需要不同方向的企劃。

有一種破口的方式就是改變「發問的方法」。

過去我們所受的教育都是教我們尋求標準答案，然而在商場上，並沒有所謂的標準答案。在商場上，每次所遭遇到的問題及狀況，或多或少都有不同。此外，也會因主事者不同，而須以不一樣的觀點面對課題。

誠然如此，如果我們換個觀點思考課題，就會得到不同的靈感與解答。因此，本章提供的考具即是**改變現有的課題，換個角度思考看看**。

如何做到？

光在心裡煩惱是沒有用的，這時要活用你所知道的考具，換個情境思考。但要從哪一個工具開始呢？我們先以九宮格作嘗試。

假設上司給了一個課題，要我們提出「馬克杯進占年終送禮市場的活動企劃」。

一般人都這樣想

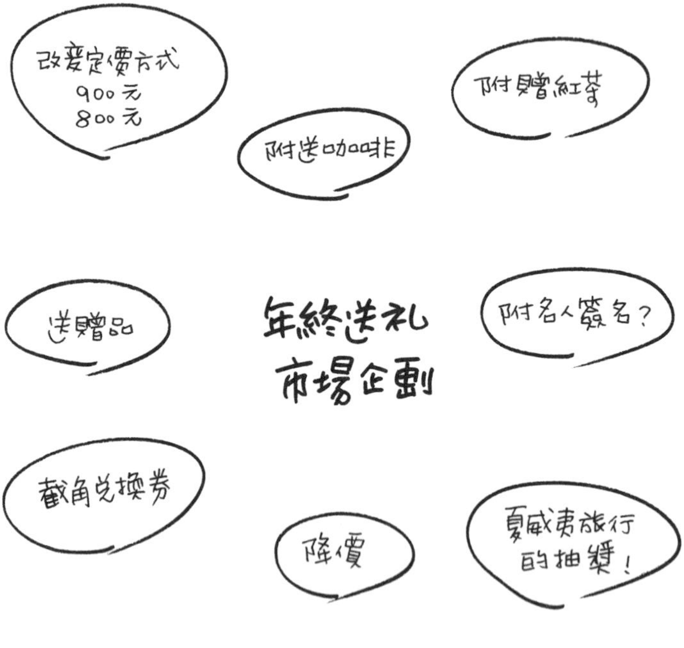

單純的發想，就會得到這些常見的答案？

我們最初步的想法就如同右頁所示進行。

當思考遭遇瓶頸，或是情緒不好時，我們有個傾向，會朝送贈品、打折等一般的點子著手，但請不要那麼輕易放棄。當自己覺得點子不好時，就該盡力想出更有趣的點子，這時便可以運用九宮格。

將「年終送禮市場」放在九宮格的正中間，質疑的問題擺在四周，換八種想法來問自己。

「中元節的冬季版」

「習慣」

「不得已，非送不可」

「禮物轉送來轉送去」

「十一月舉行，但商品在春季決定」

「在百貨公司賣」

「價錢」

「全國配送服務」

從發問開始

礼物転送來転送去	11月舉行但是商品在春季決定	在百貨公司賣
不得已，非送不可？	年終送礼市場	價錢
習慣	中元節的冬季版	全国配送服務

從這裡再重新開始。
因為現在的點子滿無聊的。

改變現有的發問，換個話題。

把自己當成記者，不斷追問年終送禮的意義何在？並試著將「年終」一詞換成其他字眼，看看會不會激發出別的想法？

接下來，我們要透過九宮格，更深一層地往下探討。

將「中元節的冬季版」放在中央，把想到的字眼放在四周。就像玩聯想遊戲一樣，在腦海中不斷搜索。

「與中元節合併」

「秋季版」

「夏季版」……中元節嗎？

「春季版」

「每月」……想到這裡，突然想到下個月是女朋友的生日，該怎麼慶祝？

「生日」……咦，我的記事本裡，貼上了女友生日的貼紙？

「月曆」

「貼紙」

我一面自問自答，一面在腦海中搜索著字眼。最後停在貼紙上面，雖然看起來離題頗遠，可是卻帶來了別的靈感。

更深入地展開

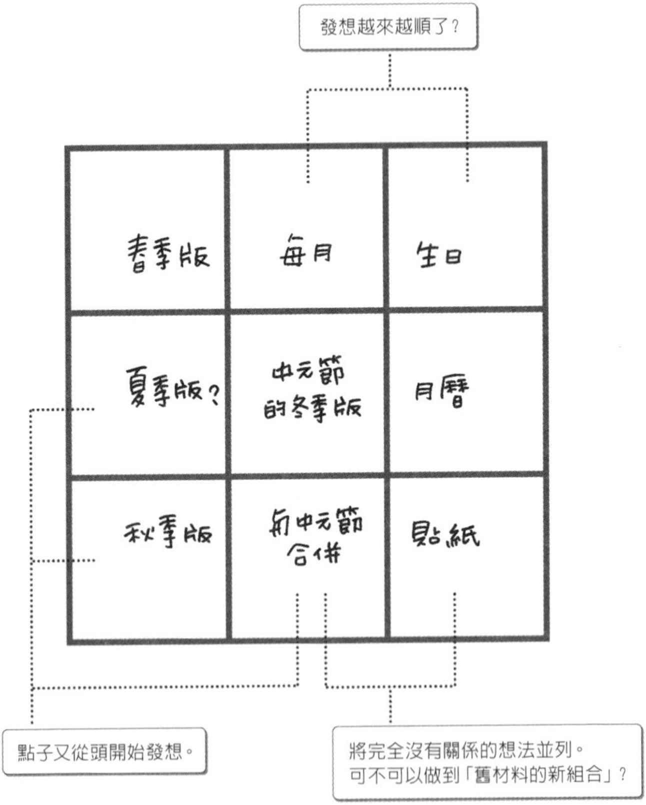

即便覺得無聊，也要往下發展。

像這樣自我追問，點子就越來越多了。

「生日時送馬克杯」——與年終送禮沒關係，但或許也可朝此發想。

「每個月都可以送一個馬克杯」——好像可以設計出五組出來。

「與中元節一起銷售」——春夏秋冬的季節性設計……會奇怪嗎？

「馬克杯日曆」——印有日期數字的杯子，一個人可以買三十一個……有些困難？

「附贈原版貼紙」——我們公司的設計人員會做嗎？

「在對方生日時送馬克杯的年終禮品」……例如這樣的東西？

怎麼樣？

換個發問的方式，是不是就找出了切入點完全不同的點子呢？雖然許多想法與年終送禮沒有直接關係，但為何不試著一起提案看看？

也許最後提出想法時，會被罵過於離譜，但也或許會被大肆褒獎一番。總之，不要怕失敗，試試又何妨。

又如前面提到的九大檢驗法則，也可以拿來試用看看。

從「年終送禮市場」的問題，開始尋求各種答案。

- **轉用**？銷售對象還有沒有其他族群？
- **應用**？玻璃杯的廠商會怎麼做？
- **變更**？若換個送禮的名目，意義會改變嗎？
- **擴大**？提早訂購？以只賣到除夕前的名義大張旗鼓？
- **縮小**？限定在年終的某一天銷售？
- **代用**？換個送禮的對象？馬克杯的新意義？
- **置換**？內容換一下？馬克杯以外的商品還有什麼？
- **逆轉**？上司送部下的禮物？
- **結合**？和其他的年終禮物一起送？聯合銷售法？

利用九宮格可以幫助我們發想全然不同的點子，而運用以上的檢驗法則，尋找屬性相合的點子，或許會帶來不同觀點的靈感與想法。

只要我們經常運用各種考具，身心逐漸習慣，聯想的機制就會在不知不覺間深植心

換個發問方式所產生的點子

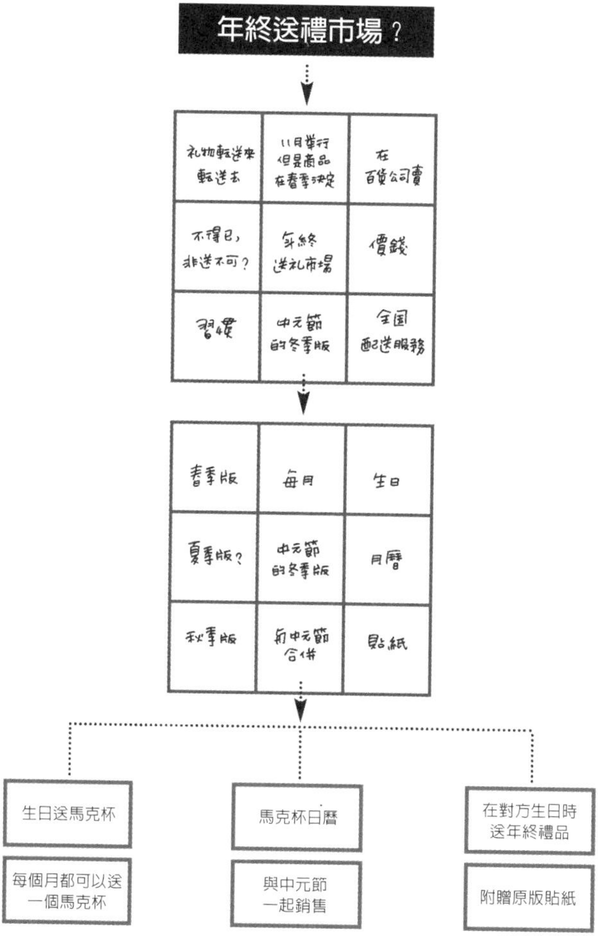

利用考具，就能輕鬆想出點子。

中，就能輕輕鬆鬆展開各種質疑與發問。而且隨著發問方式的不同，點子的聯想就會不同，更能增加點子的數量與質感。

下次若遇到腸枯思竭時，不要忘了換個方式發問，你的頭腦必定能給你不一樣的回應。

第 6 章

尋找
你專屬的考具

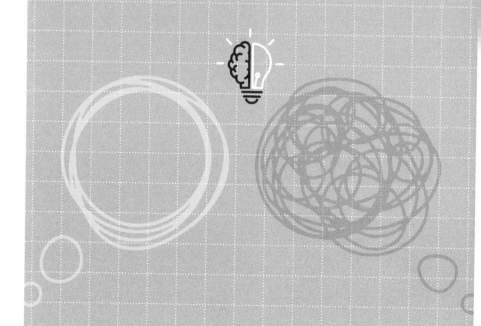

閱讀至此，你是否已感受到這些考具的威力了？想讓工作順利、事業成功，靠的是**點子、企劃與實踐**。即便是我們的日常生活不也如此嗎？想要改變生活、社會，也唯有靠點子、企劃與實踐，別無他途。

何況點子早已儲存在我們的頭腦裡，只待適當的機會來發展、引用。在日常生活中，不斷在腦海裡儲存各種偶然收到的訊息，時機一到，便拿出來運用，形成智慧與創意，使工作成功。

而所謂考具，能幫助我們將過去在無意識中進行的創意發想更順暢地操控自如。因此，這些工具不需要複雜的操作方式，就能自然地協助思考與發想。說得誇張一點，這是二十一世紀的致勝工具。

如果我們充分瞭解點子與企劃的創造過程，**剩下來的就只有行動**。再者，解決各種課題時，必須開創自我風格，因此我們必須找出最易於運用，並專屬於自己的考具。

請列出你認為最能發揮作用的考具，並試想一下使用這些工具的情形，是否符合自己的習慣？你會發現，還有許多考具是你從未注意過的，最終你也一定能找出最適合自己的考具來！

輸入型考具

我們回到前述的，「點子不過是既有要素和材料的新組合」這個定義，就能為眼前的課題從既有的素材中找出有趣的新點子，整合成有效的企劃案，因此平時儲備素材是很重要的。我們要利用考具，養成思考、發想的習慣，在日常生活裡也能隨時為自己的創意銀行灌溉養分。

輸出型考具

這也有很多種，像是幫助發想、整合成企劃等。時間與預算許可的話，要盡量去嘗試各種考具的運用。

由於輸出型的考具要能邊走邊使用，因此操作必須簡易。如果還要從皮包裡掏出來，這不只是時間的浪費，也會影響成效。最好是心隨念轉，馬上就能轉化成點子的才是好方法。

有時我們難免會被複雜的工具或配備所吸引，但是切記，如果將考具放在皮包裡，那就不是好道具了。

A 資訊媒體

書

具有整合資訊、立論獨具一格的價值。任何人都可以利用書，將他人嘔心瀝血的研究成果，只花個十分之一、百分之一的時間便輕鬆運用。甚至我們可以利用小說、詩歌等歷經鍾鍊的文藝作品，幫助我們瞭解人類的微妙心理。非文學類書籍則能夠幫助我們瞭解人生或事件的真相。

閱讀就是一種模擬體驗。為了想出點子或企劃案，我們須設身處地去假想目標對象的各種狀況。讀的書越多，我們的模擬體驗就越廣泛，越容易擁有各種不同的觀點與視野。

不過閱讀也有缺點，那就是時間的侷限。基本上，一本書的誕生最少需要花費三個月，在強調即時需求的現代社會，算是速度較遲緩的資訊來源。此外，由於書籍承載的是作者強烈的個人主張，而世界上的任何議題都不能只聽片面之詞就下判斷，因此有時無法具有平衡各方觀點的作用。

報紙、雜誌

與書籍相較，報紙、雜誌在時效上當然優越許多。然而雜誌有特定的讀者群，風格強烈；報紙雖是針對全民而設，依舊有其風格。相同的話題會因**不同的報社而有不同的觀點，標題與取材角度也各自不同**。我們習慣每天都看相同的報紙，但有時在書報攤前也請瀏覽一下其他家報社的標題，比較看看，你會發現相當有趣。光是這樣，就能產生許多不同的聯想。

雜誌也是如此。有時也請翻看不是以自己為讀者群的雜誌。雖然歐吉桑拿本女性雜誌，看起來確實怪怪的，但你不妨把自己當成出版社的間諜，幫助自己瞭解當今社會不同族群所關注的話題。

電視、廣播

電視等影像資訊媒體蘊藏了眾多資訊，也是傳播資訊非常快速的媒體。我們可以從中獲得許多靈感，例如從主要畫面中獲得知識、思考製作單位的動機，或是其畫面裡的背景等，即使是我們經常收看的節目也能夠給我們諸多啟示。有時換個角度看電視節目，有時**看看自己平常不看的節目**，甚至注意一下同時段裡的其他節目，都可獲益無窮。

廣播是典型的「分身媒體」，你可以一邊做自己的事，一邊聽節目。有時我們漫不經心地聽著，也會福至心靈地想到好點子，或是聽到許多有趣的訊息而欣喜不已。

不過，聲音的媒體也有缺點，那便是有時間的限制，節目結束後，船過水無痕般地聽過就沒有了。而六十分鐘的影像就要花六十分鐘看完它，雖然現在有快轉功能，但畢竟無法像印刷媒體般，我們可以利用速讀的方式，快速找到想要的資訊情報，這是影音媒體的侷限所在。

網路

是各種資訊的大拼盤媒體，但要如何善用它，其實並不容易。網路提供了報紙、雜誌、電視乃至個人嗜好的各種素材，卻又雜七雜八地混在一起，而且可信度也一直為人所詬病。不過，其優點是提供了不同於大眾媒體的資訊。此外，遠在海外的情報，都可經由網路快速取得。

廣告、報導

大部分的大眾媒體都有廣告與報導的部分。筆者並非因為身為廣告公司的一分子，就說廣告重要，不信你想想看，沒有廣告的媒體是不是很奇怪呢？廣告與報導從不同的角度為我們提供了更多訊息，尤其是其他業種的廣告或報導。一種是從企業的角度，將商品或企業資訊加以編輯的廣告；一種是從生活者的立場或社會正義的一面所解讀的報導，讓我們清楚瞭解到企業與大眾傳媒間不同的立場與差異。我們可以從中學習到，相同的資訊會因不同的解讀者而產生迥然不同的報導，而這些都是形成點子的最佳啟示。

攝影集、字典、年表、地圖、型錄、資料庫等

其他還有許多道具可供運用。所謂資訊媒體，從最即時的報紙電視，到蘊藏各種知識的書籍等都算是。因為編輯手法不同，種類也會不同。除此之外，另有其他不同類型的工具，可供發想參考。例如攝影藝術類的高水準媒介物，每次看了都會有不同的收穫；字典、年表、地圖等，並不需要一次全部看完，但很適合經常拿出來翻閱。**雖然其內容不變，但由於碰到的問題不同，總會有不一樣的發現**。在辦公室、家裡的書桌上，甚至是洗手間，都應擺上幾本。

B 設備用品

數位相機、行動電話、文具、數位錄音機

提到考具，大家可能會想起以上這幾種固定的工具，其實有關思考的工具種類繁多，千奇百怪，但最重要的是不要被自己的虛榮心給蒙蔽了。請切記！「**高價≠高功能≠有效**」。這也是考具不可思議的地方，找到一個最適合自己的工具才是上上策。

數位相機的問世具有劃時代的意義，其記錄功能可圈可點，不用擔心底片的多寡，拍不好的照片可以立即消除，拍好的照片馬上就看得到，而且檔案還可以傳輸到電腦上，快速送到需要者的面前。

色彩浴的屬性與數位相機最契合。在街上行走時，隨時都可以照相，事後還可以拿出來仔細觀賞，你會發現許多走路時沒有注意到的地方，**讓發想的素材倍增**。而且資料不但能與他人共享，還可以印出來，讓更多人體驗色彩浴的功效。此外，開會時，秀出你所收集的數位相片，比費盡唇舌說明，更容易讓聽者明瞭。

行動電話具有多樣化的功能，也是一種很棒的考具。當在街頭觀察時，行動電話可以成為色彩浴的記錄工具，而具電子郵件傳送功能的照相機也很方便，都能讓使用者更有效地運用時間。

另外，手機通訊錄的功能也不可忽視。緊急時可以隨時向朋友求救，如果還要翻通訊簿，就會讓自己有「等會兒再說」的藉口，以至於不了了之。

文具也是一種考具。最近鋼筆市場有復甦的現象，外國製的色鉛筆也很容易買到，當然玩物喪志並不好，但使用心愛的文具做筆記、想點子、畫點子素描，反而令人心情愉快，動腦更來勁，點子越想越好。使用自己喜愛的文具確實可以效果倍增。當然，從事企劃工作必須熟悉電腦，然而我們也不可忘了動手的樂趣。容我再重複一次，**手寫是創造點子的基本動作**。

同樣的情形也可以運用在做紀錄的備忘紙上。前面提到橫線型設計的筆記本，正好與頭腦的運作方式相反，因此我們需要更適合的紙張，以維持做紀錄的興致。

或許你認為這些並沒有什麼大不了的，不致產生重大的影響，但請**相信設計的力量**。不要只用制式化的記事本，請用點心思在挑選備忘紙上。

有人喜歡純白的紙，有人喜歡有顏色的紙，有人則喜歡有方格底紋的紙，每個人的喜好不同，喜歡的尺寸、形狀也不一樣。不相信的話，想想坐在你隔壁的創意人，是用什麼樣的紙張做紀錄？

記錄聲音的工具已經標準化，帶著數位錄音機逛街的人越來越多，雖然事後聽取錄音的內容需花點時間，然而用數位錄音機錄音，能夠更正確地傳遞出語言所難以表達的曖昧氛圍，創意人拿手的葡萄藤攀延法也是如此。

行動電話的留言裝置也不可忽視。雖然容量不大，重複聽也很麻煩，卻是緊急時候的救命恩人。在外面想到什麼事，也可以從手機打電話到家裡的答錄機，作為聲音的備忘錄。

皮包、椅子、桌子、衣服

這些是日常物品，也是考具的一種。洋裝、皮包、家具等設計品融合了人體工學、傳統技藝與最尖端的造型設計，如果我們換個角度來看這些物品，你會赫然發現，它們均蘊藏了許多創造好點子的素材。

流行界、時尚圈是設計師一展長才的地方，也是我們尋寶的好場所，不僅是為了瞭解流行趨勢，更應該以色彩浴的觀點尋求新發現；不是「好美麗、好帥」這種單純的感動，而是要想到「那條皮帶的寬度是不是可以拿來連結某某構想？」諸如此類，當作**聯想遊戲**的題材。

將考具帶上街需要皮包，而皮包的尺寸規格與你選擇的考具有關。帶電腦出門的人便需要堅固耐用的皮包，有些人則需要 A3 大小的規格。總而言之，就是要挑選適合自己使用的皮包。

上述這些辦公用品都是用來強化我們的點子，因此有人講究皮包機能，要的是口袋多，有些人則重視造型，完全放棄功能性。另外，同樣是訴求口袋機能的包包也有各種規格，而不同的品牌有哪些不同的設計？比照各家不同的訴求重點，可以幫助我們想出不一樣的點子。除了買皮包之外，當我們逛街買東西時，也不要忘了隨時以消費者與創意人兩種角度來享受流行的樂趣。

家具也是設計師發揮功力的產品。最近經常可以見到有關椅子的報導，可以選擇的商品也越來越多，而好點子來自心情輕鬆的環境，因此選一張符合自己體型的椅子，讓工作能更容易進入狀況也是非常重要的。

由於工作的關係，我需要大桌子和好椅子。如果辦公室裡每個人都可以選擇自己喜愛的椅子，將使無機體的辦公室頓時充滿各式各樣的色彩和形狀，讓我們置身於靈感滿天飛的工作環境中，該是多麼棒的事情！雖然這依舊是個夢想，但或許我們可以來挑戰看看！

C 真實的環境

人、空間、音樂、**嗜好品等**

印刷物或電視都屬於間接媒體，因為它們畢竟不是真實的環境，缺少實際的接觸，因此必要時我們得到現場，以五官、身體親自去感受資訊的真實狀況。但是也請不要誤會，我並非要大家每天都往外跑，去搜尋最新話題，只是我們偶爾需要實際去體會一下真實的氛圍。

有時，只是到了現場，吸幾口空氣，身體與心理就會湧起諸多感受。

也許不會跳舞的人，去到舞廳就像入了地獄般痛苦。其實你大可不必勉強自己跳舞，只要以記者取材的意識去窺探「舞廳」這個世界就已足夠。有時朝著與自己興趣、喜好、專長完全**相反的方向發想**，也會想出古靈精怪的好點子。

就像去吃飯時，有時會想吃吃看別人點的菜，「試試看吧？」、「像哪一種口味的雞尾酒呢？」其實，這樣的做法並不特殊，只不過我們現在是要把嘗試的觸角伸向其他的環境而已。

來者不拒，若有機會不妨試試。

D 自創的項目

檢驗表、記帳本、資料夾、資料庫、暫存區等

對於自己有興趣的資料，可利用上述工具歸納整理。雖然這與創意馬拉松有些類似，不過它的著眼點是在資訊的使用。我們不要讓收集資訊成為一種負擔，收集資料最重要的是「要用時能好拿好取、不耽誤時機」。

此外，使用考具的重點在於激發點子或企劃，不需要做到一絲不苟，只要能達到促進發想的目標，怎麼做都沒關係，方法簡易最重要。

＊＊＊＊＊

綜觀我所列舉的例子，似乎我們周遭的事物都能拿來當作考具。其實這些工具，正是為了搜尋資訊、發現素材，將其吸收並形成點子、解決課題。因此日常生活的任何事物都可以成為靈感來源。如果你能從環境中善加截取，並將其重新排列組合，新點子就於焉誕生了。

此外，請不要忘記，**點子的靈感無所不在，重點在於我們是否能發覺。因此我們要經常問自己、提醒自己去尋找靈感的來源**。

動腦是非常隨機的，因為想事情沒有ON或OFF的開關，所以我們隨時都要抱持著創意人的意識，讓頭腦保持待機狀態。如果真是如此，那麼你眼中的世界也一定截然不同。

讓我們開始動腦吧！

尾聲

動腦系統化，才是真「考具」

本書列舉了許多考具的使用方法，而所謂考具就是「幫助思考的工具」，其種類繁多，使用方式亦各有不同，可以說任何事物都有可能成為考具。不管使用哪一種考具，結果都是為了讓發想更順暢，輕鬆自然地形成企劃。

最後，在此偷偷提供一條邁向創意人的捷徑，那就是——找出你心目中創意人的理想形象，並大膽地為自己冠上他的頭銜，諸如「我是〇〇的動腦專家」，〇〇即是你嚮往的形象。

例如「早上到公司以前，會想出十個點子的動腦專家」，或是「在企劃執行的最後階段也不會有所遺漏的動腦專家」等，不要讓「創意人」成為單純的一般名詞而已。每個人都有自己的專長與特色。從今天開始，就做個能發揮自己特色的動腦專家吧！

「〇〇〇的動腦專家」也能成為**你的形象目標**。

這一點非常重要。一旦我們知道自己的目標，自然就會知道該往何處去，該搜尋、吸收什麼樣的訊息。

當你把自己定義成創意人的那一瞬間，一切便開始改變。

最後要提醒各位讀者，讀完本書後有個**最大的危機，那就是「看過、瞭解，卻不行動」**。

前述章節中曾提到的神田昌典先生說過：「知道成功的祕訣並實際採取行動的人只有百分之一，所以要成功其實非常簡單。」在此，我不勝惶恐地再次提醒各位，不要成為那多數的百分之九十九。

要隨時掌握機會試用一下考具，更要持續地使用下去。考具的使用方法就是動腦的方法。一旦能夠得心應手，它就會成為頭腦的一部分，以後無須刻意取出，自然就會促使我們動腦。

如此一來，動腦的方法將成為我們身體的一部分，成為習慣，並系統化。之後，即使沒有這些工具，頭腦也能自然運作，點子源源不絕地產生。

總之，考具只不過是工具，最重要的是藉此養成動腦的機制。或許真正的高手，是什麼工具也不使用吧?!

後記

創意的起點

本書得以完成，要感謝許多人。

首先，我非常感謝博報堂及我的客戶，給我無數的機會實際演練動腦與企劃的工作，還有博報堂CC局的各位同事，以及一起工作的協力單位，從我進公司以來，便不厭其煩地教我很多事情。

此外，「考具」一詞並非我的創作，這個新名詞是博報堂嶋本達嗣先生的傑作，由於他的割愛，讓我得以引用，敝人非常感激。

感謝根本祐規子與「蘋果籽廣告公司」的鬼塚忠為我製造機會，TBS出版的小泉伸夫大膽採用我的企劃案，以及不論我如何無理要求都笑臉以對的設計師轡田昭彥，請接受我十二萬分的感謝。因為你們才有本書的誕生，也讓我更深刻地體會到什麼叫做緣分！

最後，我要感謝忍受我生活晨昏顛倒、時間被分割得零零碎碎的家人，以及讓我喜愛閱讀的父母。

如果有人閱讀本書，就是給我最大的鼓勵，因此我也要對讀者諸君說聲謝謝。我喜歡想有趣的事情，並期望因此結交一些樂在生活與工作的朋友，我希望身邊有越來越多的創意人、企劃人出現。雖然大家都成為創意人以後，或許就不需要廣告公司了，但是我也絕不會輸給你們，期待我們有一天能互相以創意一較長短！

加藤昌治

附錄

本書參考書目

1.《IDEA 物語》（*The Art of Innovation*），湯姆・凱利（Tom Kelly）著。

2.《十倍速影像閱讀法》（*The Photoreading Whole Mind System*），保羅・席利（Paul R. Scheele）著，晨星出版。

3.《七色鸚哥》，手塚治虫著，台灣東販。

4.《如何激發大創意》（*How to Get Ideas*），傑克・佛斯特（Jack Forster）著。

5.《花錢有理》（*Why We Buy:The Science of Shopping*），安德席爾・派克（Underhill Paco）著。

6.《面談術！》（インタビュー術！），永江朗著，日本講談社出版。

7.《曼陀羅 MEMO 學》（マンダラ MEMO 学），今泉浩晃著。。

8.《創意思考玩具庫》（*Thinkertoys*），麥可・密巧科（Michael Michalko）著。

9. 《創意的生成》（*A Technique for Producing Ideas*），楊傑美（James Webb Young）著。
10. 《與成功有約》（*The 7 Habits of Highly Effective People*），史蒂芬·柯維（Stephen Covey）等著，天下文化出版。
11. 《轉換工作心情》（仕事ごころにスイッチを！），小阪裕司著，日本 Forest 出版。
12. 《顧客也瘋狂》（*Raving Fans-A Revolutionary Approach to Customer Service*），肯·布蘭佳（Ken Blanchard）與雪爾登·包樂斯（Sheldon Bowles）合著，哈佛企管出版。
13. 《川崎和男　夢幻設計師》（川崎和男　ドリームデザイナー），NHK「課外教學／學長您好」製作小組與KTC中央出版合編，日本KTC中央出版。
14. 《海馬》，池谷裕二與糸井重里合著，日本朝日出版社出版。
15. 《都市觀察》（タウン·ウォッチング），博報堂生活綜合研究所著，日本PHP文庫出版。
16. 《博報堂知識雜誌1／H》（博報堂ナレッジマガジン1／H），博報堂研究開發局社內資料／二〇〇二年。
17. 《編輯的學校》（編集の学校），西岡文彥著，別冊寶島出版。
18. 《點子源源不絕》（アイデア発想が湧き出る本），樋口健夫著，日本鑽石社出版。
19. 槙原敬之《UNDERWEAR》專輯，華納音樂。
20. 《*Crowning the Customer*》，費格·昆（Feargal Quinn）著，Raphel Marketing 出版。

ideaman 138

考具

有效掌握企劃、發想的21個思考工具【暢銷經典版】

原著書名——考具
原出版社——The Appleseed Agency
作者——加藤昌治

譯者——王瑤芬
責任編輯——魏秀容、劉枚瑛
版權——黃淑敏、吳亭儀、江欣瑜、林易萱
行銷業務——黃崇華、賴正祐、周佑潔、張媖茜

總編輯——何宜珍
總經理——彭之琬
事業群總經理——黃淑貞
發行人——何飛鵬
法律顧問——元禾法律事務所 王子文律師
出版——商周出版
台北市104中山區民生東路二段141號9樓
電話:(02) 2500-7008 傳真:(02) 2500-7759
E-mail:bwp.service@cite.com.tw
Blog:http://bwp25007008.pixnet.net./blog
發行——英屬蓋曼群島商家庭傳媒股份有限公司城邦分公司
台北市104中山區民生東路二段141號2樓
書虫客服專線:(02)2500-7718、(02) 2500-7719
服務時間:週一至週五上午09:30-12:00;下午13:30-17:00
24小時傳真專線:(02) 2500-1990;(02) 2500-1991
劃撥帳號:19863813 戶名:書虫股份有限公司
讀者服務信箱:service@readingclub.com.tw
城邦讀書花園:www.cite.com.tw
香港發行所——城邦(香港)出版集團有限公司
香港灣仔駱克道193號超商業中心1樓
電話:(852) 25086231傳真:(852) 25789337
E-mailL:hkcite@biznetvigator.com
馬新發行所——城邦(馬新)出版集團【Cité (M) Sdn. Bhd】
41, Jalan Radin Anum, Bandar Baru Sri Petaling,
57000 Kuala Lumpur, Malaysia.
電話:(603)90578822 傳真:(603)90576622
E-mail:cite@cite.com.my

美術設計——copy
印刷——卡樂彩色製版有限公司
經銷商——聯合發行股份有限公司 電話:(02)2917-8022 傳真:(02)2911-0053

2003年(民92)11月初版
2010年(民99)2月二版
2022年(民111)4月14日三版
定價380元 Printed in Taiwan 著作權所有,翻印必究 城邦讀書花園
ISBN 978-626-318-042-0
ISBN 978-626-318-197-7(EPUB)

KOUGU by Masaharu Kato
Copyright© 2003 Masaharu Kato
Complex Chinese translation rights© 2022 by Business Weekly Publications, a division of Cité Publishing Ltd.
Original Japanese edition published by CCC Media House Co., Ltd.
Chinese translation rights arranged with Masaharu Kato through The Appleseed Agency Ltd. /Japan Foreign-Rights Centre/Bardon-Chinese Media Agency
All Rights Reserved.

國家圖書館出版品預行編目(CIP)資料

考具:有效掌握企劃、發想的21個思考工具【暢銷經典版】/加藤昌治著;王瑤芬譯. -- 3版.
-- 臺北市:商周出版:英屬蓋曼群島商家庭傳媒股份有限公司城邦分公司發行,
民111.3 248面;14.8×21公分. -- (ideaman;138) 譯自:考具 ISBN 978-626-318-042-0(平裝)

1. 思維方法 2. 創造性思考 176.4 110017113

商周出版

廣　告　回　函
北區郵政管理登記證
台北廣字第000791號
郵資已付，免貼郵票

104台北市民生東路二段 141 號 B1

英屬蓋曼群島商家庭傳媒股份有限公司

城邦分公司

請沿虛線對摺，謝謝！

商周出版

書號：BI7138　　書名：考貝　　編碼：

請於此處用膠水黏貼

商周出版

讀者回函卡

線上版讀者回函卡

感謝您購買我們出版的書籍！請費心填寫此回函卡，我們將不定期寄上城邦集團最新的出版訊息。

姓名：＿＿＿＿＿＿＿＿＿＿ 性別：☐男 ☐女

生日：西元＿＿＿＿年＿＿＿＿月＿＿＿＿日

地址：＿＿＿＿＿＿＿＿＿＿

聯絡電話：＿＿＿＿＿＿＿＿ 傳真：＿＿＿＿＿＿＿＿

E-mail ：

學歷：☐ 1. 小學 ☐ 2. 國中 ☐ 3. 高中 ☐ 4. 大學 ☐ 5. 研究所以上

職業：☐ 1. 學生 ☐ 2. 軍公教 ☐ 3. 服務 ☐ 4. 金融 ☐ 5. 製造 ☐ 6. 資訊
☐ 7. 傳播 ☐ 8. 自由業 ☐ 9. 農漁牧 ☐ 10. 家管 ☐ 11. 退休
☐ 12. 其他＿＿＿＿＿＿＿＿

您從何種方式得知本書消息？

☐ 1. 書店 ☐ 2. 網路 ☐ 3. 報紙 ☐ 4. 雜誌 ☐ 5. 廣播 ☐ 6. 電視
☐ 7. 親友推薦 ☐ 8. 其他＿＿＿＿＿＿＿＿

您通常以何種方式購書？

☐ 1. 書店 ☐ 2. 網路 ☐ 3. 傳真訂購 ☐ 4. 郵局劃撥 ☐ 5. 其他＿＿＿＿

您喜歡閱讀那些類別的書籍？

☐ 1. 財經商業 ☐ 2. 自然科學 ☐ 3. 歷史 ☐ 4. 法律 ☐ 5. 文學
☐ 6. 休閒旅遊 ☐ 7. 小說 ☐ 8. 人物傳記 ☐ 9. 生活、勵志 ☐ 10. 其他

對我們的建議：＿＿＿＿＿＿＿＿＿＿

【為提供訂購、行銷、客戶管理或其他合於營業登記項目或章程所定業務之目的，城邦出版人集團（即英屬蓋曼群島商家庭傳媒（股）公司城邦分公司、城邦文化事業（股）公司），於本集團之營運期間及地區內，將以電郵、傳真、電話、簡訊、郵寄或其他公告方式利用您提供之資料（資料類別：C001、C002、C003、C011 等）。利用對象除本集團外，亦可能包括相關服務的協力機構。如您有依個資法第三條或其他需服務之處，得致電本公司客服中心電話 02-25007718 請求協助。相關資料如為非必要項目，不提供亦不影響您的權益。】

1.C001 辨識個人者：如消費者之姓名、地址、電話、電子郵件等資訊。 2.C002 辨識財務者：如信用卡或轉帳帳戶資訊。

3.C003 政府資料中之辨識者：如身分證字號或護照號碼（外國人）。 4.C011 個人描述：如性別、國籍、出生年月日。

請於此處用膠水黏貼